THE MAYA'S FORTUNE Telling

The Prophecy Of Doom.
According to 2012 doomsday theory,
this will be the end of human civilization.

世界末日的預言

智學堂

智慧是學習的殿堂

國家圖館出版品預行編目資料

　世界末日的預言 / 余沛星編著. -- 初版.
　-- 新北市：智學堂文化，民101.11
　　面； 公分. -- (神祕檔案；2)
　ISBN 978-986-88534-7-8(平裝)
　1.預言 2.世界末日

296.5　　　　　　　　　　101018478

神祕檔案：02

世界末日的預言

編　　著 ── 余沛星
出 版 者 ── 智學堂文化事業有限公司
執行編輯 ── 林美娟
美術編輯 ── 蕭若辰
插　　畫 ── 劉逸芹
地　　址 ── 22103　新北市汐止區大同路三段一百九十四號九樓之一
　　　　　　　TEL　（02）8647-3663
　　　　　　　FAX　（02）8647-3660

總 經 銷 ── 永續圖書有限公司
劃撥帳號 ── 18669219
出 版 日 ── 2012年11月

法律顧問 ── 方圓法律事務所　涂成樞律師
cvs 代理 ── 美璟文化有限公司
　　　　　　　TEL　（02）27239968
　　　　　　　FAX　（02）27239668

前言

　　神秘的馬雅文明給人最直觀的印象在於其無所不在的神靈。在這個神靈充斥、略顯擁擠的世界裡，竟依舊發展出那麼多充滿科學根據的偉大發明，真是件奇怪的事。可惜的是，跨海而至的歐洲文明世界，竟一葉障目，將智慧錯置爲邪教，不懂得從這座寶山中發現寶藏，反而把人類的智慧毀作傾圮。馬雅人在天文、數學、曆法、編年、文字、藝術，以至於信仰諸方面的智慧結晶，盡皆被西班牙人污蔑爲「魔鬼的勾當」。高傲的西方殖民強權在馬雅世界裡，才是真正犯下文明史上最惡劣的「魔鬼勾當」──種族滅絕和文化摧殘。

　　古代馬雅社會中，祭司是公認的數學專家。他們存在的首要職責就是成爲人與神之間的橋樑。他們必須告訴人們羽蛇神將在哪一天降臨，爲大地帶來雨季；什麼時候可以得到風神的保佑，才可開始燒林；哪一天戰神將要降臨，爲大地帶來戰事，甚至死亡。祭司是馬雅世界的權威人士，如果祭司說神動怒了，必需人祭，平民就只好照辦。據說馬

雅祭司在西班牙入侵之前就曾預見到這件事，他們從神諭中得知，這些遠道而來的人將成為馬雅的新王。總之，馬雅人心目中的祭司是神遊古今通曉天地的人物，凡事都要求教於他們。

馬雅人將一年分成十八個月，每月二十天，另外還有五個祭日，總和為三百六十五天。有趣的是，他們的數學進位也是分別採用二十進位和十八進位。這很可能淵源於他們每日記錄天象的需要，也正是這種實際需要，順水推舟成就了馬雅數學的發展，更進一步便促進了曆法、農事的發達。數學系統中，「零」這個符號的發明和應用，更是具有其重要意義。前人栽樹，後人乘涼，現代人了解馬雅人的獨特創意之後，將馬雅的數學系統稱為「人類最偉大的成就之一」。

另一方面馬雅文化也有著豐富的史學和文學成就。馬雅人用象形文字創作了成千上萬種書籍和石刻。雖然只有八百多個字，卻記錄了幾千年前發生過的大小歷史。他們有自己的文字、自己的著作，利用象形文字排列組合出上萬個詞彙，譜寫他

們特有的生活旋律。但整個馬雅世界卻在一瞬間全部消失，誰也不知道他們去了哪裡，至今仍是一個謎團。馬雅人留給我們太多的問題，他們的預言百分之九十九都變成了現實，他們甚至預言了汽車、飛機的發明日期。有些人可能會問，他們怎麼會知道以後有一種東西叫做汽車？這也正是奇怪的地方。在埃及，一些馬雅文明研究者在馬雅人遺跡上發現他們竟預測到希特勒出生和死亡的日期。馬雅人是否也預言了自己的消失，即使他們預測到了也改變不了？馬雅人留下「地球並非人類所有，人類卻屬地球所有」的箴言，規勸人類對大自然心存敬畏與尊敬，與大自然和諧共存。近代記錄在案的神祕消失事件，是否正逐步演示著馬雅預言中的諄諄告誡。

　　根據馬雅預言，今日我們所生存的地球已經處於第五太陽紀。到目前為止，地球已經過了四個太陽紀，每一紀結束前都會經歷一番驚心動魄的大毀滅。如果預言成真，那麼二〇一二年十二月二十一日，將是人類史上最後一次日出。

CHAPTER 01

眾神世界與魔鬼勾當

一念之間，決定吉凶

神秘的馬雅文明給人最直觀的印象在於其無所不在的神靈。

在這個神靈充斥、略顯擁擠的世界裡，竟依舊發展出那麼多充滿科學根據的偉大發明，真是件奇怪的事。可惜的是，跨海而至的歐洲文明世界，竟一葉障目，將智慧錯置為邪教，不懂得從這座寶山中發現寶藏，反而把人類的智慧毀作傾圮。

馬雅人在天文、數學、曆法、編年、文字、藝術，以致於信仰諸方面的智慧結晶，盡皆被西班牙人污蔑為「魔鬼的勾當」。

到底誰才是真正的創始者？
18

原來宇宙是這般結構！
22

萬千神靈之中，誰最受歡迎？
27

靈魂歸處與來世學説
33

一千個馬雅人，就有一千個偶像
38

與神靈之間的「利益交換」
42

小心一點，否則將遭遇厄運
49

遭到文化滅絕之前的宗教景觀
56

迷信的馬雅人
62

CHAPTER 02

不可不知的數字解碼

凡間萬事萬物，盡在數字之中

馬雅人將一年分成十八個月，每月二十天，另外還有五個祭日，總和為三百六十五天。有趣的是，他們的數學進位也是分別採用二十進位和十八進位。

這很可能淵源於他們每日記錄天象的需要，也正是這種實際需要，順水推舟成就了馬雅數學的發展，更進一步便促進了曆法、農事的發達。

數學系統中，「零」這個符號的發明和應用，更是具有其重要意義。

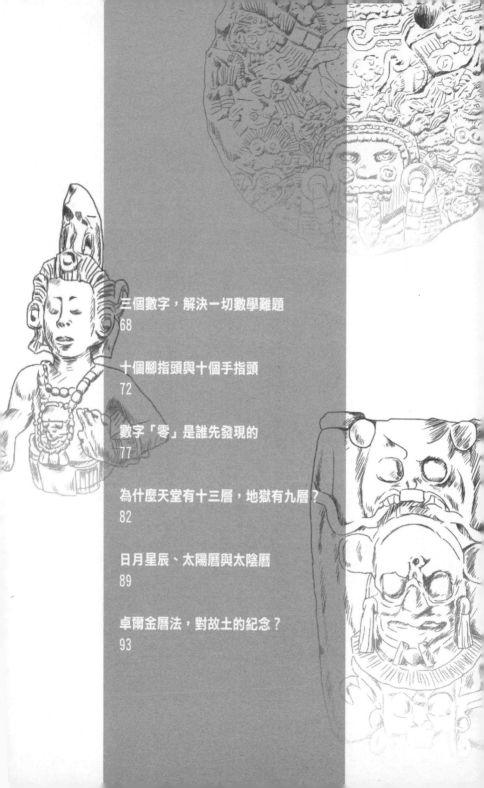

三個數字，解決一切數學難題
68

十個腳指頭與十個手指頭
72

數字「零」是誰先發現的
77

為什麼天堂有十三層，地獄有九層？
82

日月星辰、太陽曆與太陰曆
89

卓爾金曆法，對故土的紀念？
93

CHAPTER 03

破譯馬雅文字

象形文字，寫意眾生

馬雅人有著豐富的**史學**和**文學**成就。

馬雅人用**象形文字**創作了成千上萬種書籍和石刻。

雖然只有**八百多個字**，卻記錄了幾千年前發生過的大小**歷史**。

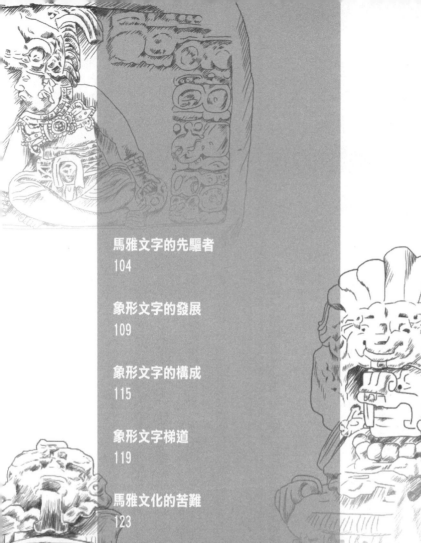

馬雅文字的先驅者
104

象形文字的發展
109

象形文字的構成
115

象形文字梯道
119

馬雅文化的苦難
123

文字竟是奢侈品
128

不可不讀的馬雅古文篇章
135

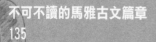

CHAPTER 04

應驗的預言與宇宙神祕事件

四大文明的消失與宇宙的祕密

馬雅人在一瞬間全部消失，誰也不知道他們去了哪裡。至今，這仍是一個謎團。

馬雅人留給我們太多的問題，他們的預言百分之九十九都變成了現實，他們預測到了汽車、飛機的生產日期。有些人可能會問，他們怎麼會知道以後有一種東西叫做汽車？這也正是奇怪的地方。

在埃及，一些馬雅文明研究者，在馬雅人生活的地方和一些石頭上發現他們預測了希特勒出生和死亡的日期，竟與實際完全一樣。馬雅人是否也預言了自己的消失，即使他們預測到了也改變不了？

馬雅人留下「地球並非人類所有，人類卻屬地球所有」的箴言，規勸人類對大自然心存敬畏與尊敬，與大自然和諧共存。

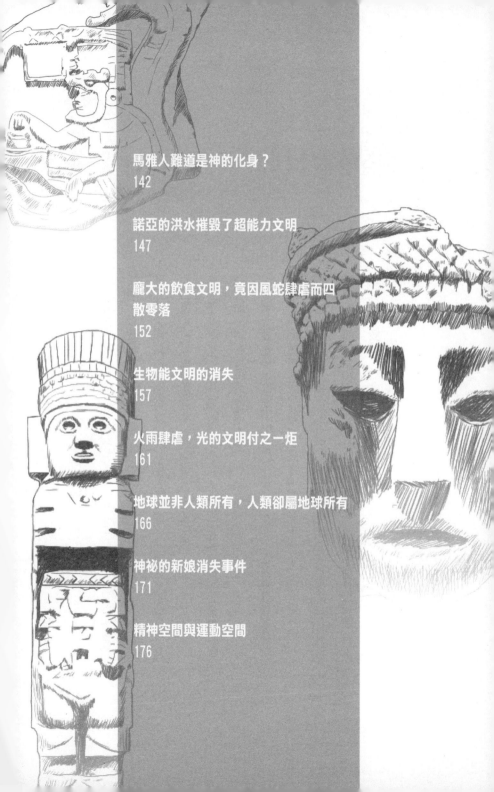

馬雅人難道是神的化身？
142

諾亞的洪水摧毀了超能力文明
147

龐大的飲食文明，竟因風蛇肆虐而四散零落
152

生物能文明的消失
157

火雨肆虐，光的文明付之一炬
161

地球並非人類所有，人類卻屬地球所有
166

神祕的新娘消失事件
171

精神空間與運動空間
176

CHAPTER 05

世界末日的預言

2012，人類真的在劫難逃？

第一個太陽紀：馬特拉克緹利（Matlactil Art），又稱根達亞文明，最後被一場洪水所滅，有一說法是諾亞的洪水。

第二個太陽紀：伊厄科特爾（Ehecatl），又稱美索不達米亞文明，最終被風蛇吹落凋零。

第三個太陽紀：托雷奎雅維洛（Tleyquiyahuillo），又稱穆里亞文明，因陸地沉沒而消失。

第四個太陽紀：宗德里里克（Tzontlilic），又稱亞特蘭提斯文明，最後是因為火雨肆虐引發大地覆滅而亡。

第五個太陽紀：托納提烏（Tonatiuh），因為人們會使用情感而被稱為情感的文明，這個文明結束時太陽將會消失，地球開始搖晃，最後毀滅。

2012 是世界毀滅？還是重新計時？
182

磁力危機？
——零磁力現象不一定會發生
187

兩極倒轉？
——持續百萬年的緩慢過程
191

天體重疊？
——正常現象，毫無威脅
195

行星撞地球？
——這個天體並不存在
200

太陽風暴襲擊？
——並不足以烤焦地球
206

地質災害才足以撼動地球
212

來自二〇一二的警示
217

眾神世界與魔鬼勾當

一念之間，決定吉凶

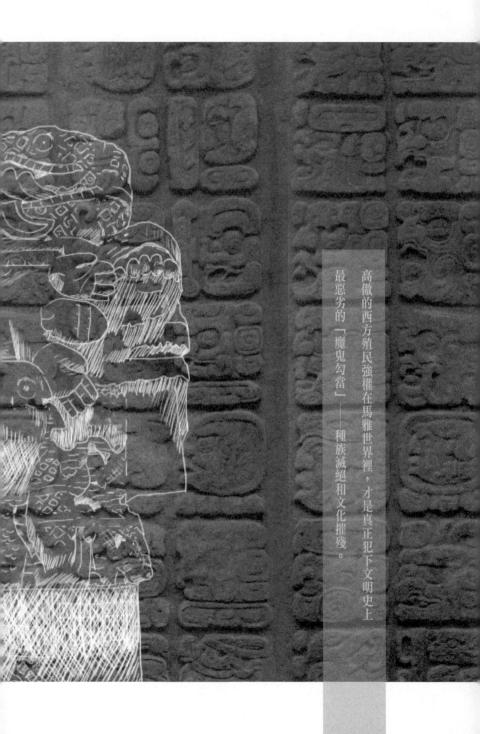

高傲的西方殖民強權在馬雅世界裡，才是真正犯下文明史上最惡劣的「魔鬼勾當」──種族滅絕和文化摧殘。

到底誰才是真正的創始者？

　　在科學技術還不如現今這麼發達之前，對於一些難以解釋的問題，人們總是有些迷信，不是沉迷某些傳說當中的故事，就是凡事借助宗教的力量。至於到底誰才是世界的創始者這個話題，虔誠的宗教信徒更願意相信教義上的解釋。

　　佛教認為：宇宙的元素是永恆的，生命的元素也是永恆的。前者是物質不滅，後者是精神不滅。所謂永恆，就是沒有開始也沒有終結，宇宙和生命本來就是如此。宇宙形態的變化，生命過程的流轉，那是眾生「業力」的結果。一切都是眾生業力所感，那也是眾生存在的理由。至於生命在地球上最初的示現，佛教相信是由輪迴而來。下至單細胞生物，上至人類，都是如此。這就是佛教對於宇

宙生命來源及其存在的看法。

　　回教徒則認爲真主創造了萬物。阿拉是宇宙
至高無上的唯一主宰，是宇宙的創造者、恩養者、
管理者。真神阿拉全能全知、全聽全觀、至仁至慈、
至善至美、獨一無二，沒有任何神祇可與之匹敵，
祂既不生育也不降生。無需求、無方位、無約束、
無所不在，祂既無始而開萬物之始，既無終而統萬
物之終。祂的存在超越物質、超越自然，萬物皆仰
賴阿拉而存在，所以也只有阿拉可受萬物崇拜。除

了真神，其他都是被創造出來的神話。

　　基督教認為，一切都是耶和華所創造的。不管從社會或大自然的角度來看，都沒有無因之果。朽壞的事物不會無始，有始的事物不會自由。萬物絕不是自然而然盲目地產生，有機物與無機物、生命體與非生命體，都有其複雜性與邏輯性。非肉眼可以細察，非數字儀器可以計量。萬物就像商品一樣，每做出一項都要幾經思量，才能產生出來。從人類本身到整個宏偉的宇宙，必然都要經過造物主的發明與創造，才能活生生地出現在我們面前。聖經裡記載，神說要有光，於是有了光；神說要有山川河流，於是有了山川河流；神也創造了人類，賜予我們智慧和苦難。

　　不過對無神論者來說，宗教給他們的解釋是很無力的，他們相信一切都是自然發展而成。理由很簡單：如果按照宗教的解釋，一切都是造物主創造出來的，那麼造物主又從何而來？既然造物主創造了宇宙萬物，那麼造物主是誰創造的？這種疑問到最後總是來到一個無限循環，於是他們的結論是：

造物主只存在於信徒的心中。信了造物主，心便依了造物主；如果不信，那麼心中什麼也沒有。無神論者認爲造物主是杜撰出來的，他們認爲造物主根本不存在。他們善於利用文字遊戲搪塞信神的人，對信徒們的信仰更是充滿猜疑。誠然，一切的確都是人文發展的結果，我們也應該抱持著演化的眼光審視各種觀點。可是，大自然到底是如何「生萬物」的呢？這點又該如何解釋？

如果說，宇宙的起源是大爆炸，那爆炸之前又是什麼？既然說神靈創造了萬物，那神靈又來自何方？上帝的存在自然而然，並且永恆存在，並不來自任何地方。因爲上帝不歸屬於任何科學物質。宗教和科學是影響人類最大的兩種力量？這一切似乎令人難以理解，我們該怎麼辦？

原來 宇宙 是這般結構！

　　宇宙到底是什麼結構，科學家至今都還搞不清楚，一般聽到的解釋，大多是從物理學的角度分析而來。

　　從微觀的角度來講，我們知道物質最基本的微粒是分子，而分子是由不同元素的原子結合而成。比如：一個水分子就是由兩個氫原子和一個氧原子所組成。原子則是由原子核和圍繞原子核高速旋轉的電子組成的，而原子核是由質子和中子組成。但質子和中子是否可以再分，目前我們還不得而知。無數的分子組合在一起，就成了肉眼看得見的物質。物質之中有生命力的，我們稱之為生物組織。不管這個組織的結構如何，分析到最後都是由原子、分子所組成。一個生命體中包含著許多不同

的物質，每一種物質的組成又包含著各種原子。自然界裡千千萬萬種物質的結構，都依循著同樣的原理。

現在我們再從宏觀的角度來看。太陽系是由一個發光發熱的巨大核反應體和圍繞著太陽旋轉的幾大行星所組成。太陽系中的行星，都是圍著太陽旋轉的，說到這裡不難發現，這種結構與原子的結構多麼相似！而整個銀河系的結構，更是正如我們所瞭解的其他物質一樣。如果我們再將視野放大，

就算銀河系是某個巨型物質的一個分子或是一個組織細胞也很貼切。於是我們大膽假設，宇宙可能是個巨大的生命體，而我們這個星球以至於太陽系、銀河系，都只不過是這個巨大生命體的其中一個組織，只是某個細胞中的基本元素，也就像物質中的原子一樣。

地球屬於太陽系。太陽系很大，它由八顆行星構成，依次是水星、金星、地球、火星、木星、土星、天王星、海王星。（冥王星在二〇〇六年已被降為矮行星）。如果按星系生成的理論，八大行星的生成有其先後，最先生成的是水星，其後以此類推。水星離太陽很近，雖然名叫水星，其實連一滴水也沒有，這裡終年都是攝氏幾百度的高溫，即使曾經有水也早已蒸發光了，似乎不可能有生命。土星以外的行星又離太陽太遠，終年冰層覆蓋，氣溫也在零下幾百度，似乎亦不太可能存在生命。因此，太陽系裡除地球以外，如果曾經存在過生命，會是哪一顆星呢？

以上是現代科學解釋的宇宙結構。那馬雅人眼

中的宇宙呢？馬雅神話認爲世界經歷了數個時代，
每個時代都是因爲天災而結束，當今人類生存的時
代亦將如此。起初世界處於黑暗之中，而後神創造
了日月，用泥土造人。整個世界被分爲十三重天與
九重地獄，地獄依存在一隻巨鱷的背上。

「時間」是構成馬雅人宇宙觀的重要依據，
他們認爲時間就是神。然而人死後之事，不同地區
的馬雅人則有不同的看法。猶加敦半島的奎克人認
爲，人類死後將會被下放到九層地獄，以無盡繁重
的勞力來贖生前所犯的罪。拉堪頓人則相信人死後
將永遠生活在地球上某個無憂無慮的富足之處，只
有窮凶極惡的人才會被神遣入地獄。

馬雅神話的眾多神靈中主要有雨神恰克及玉
米神尤姆・卡克斯，還有蟾蜍形地母神、北方死神、
身穿珠裙的南方女神、東方神庫庫爾坎和戰神等。
最高神靈是天神伊特薩姆納，他是祭司的保護神，
也是文字和科學的創造者。

各種祭祀活動必須擇吉日舉行，儀式隆重，獻
祭者要先禁食禁慾。通常的禮儀是焚香、喝獻巴克

（用蜂蜜與樹皮釀製的飲料）、耳舌放血、獻祭動物及獻舞。活人獻祭是到了後期才開始盛行起來。

　　祭司的職位世襲，居住在祭祀中心，分別掌管獻祭、解譯經書、占卜未來等。各地方皆有祭司學校，由高級祭司負責任教歷史、占卜及鑿刻文字等。當時馬雅宗教的體制、儀式與組織都已相當完備，並有著複雜的神學系統。宗教滲透整個社會與政治環境，從各種角度支配著馬雅文明。如此看來也就不難解釋為什麼馬雅人對世界的看法如此充滿神話色彩了。

萬千神靈之中，誰最受歡迎？

在馬雅神話中，眾神之王柯穆・卡門普斯，是一切神靈的創造者。祂有兩個得力助手：「怒神」勞和「智神」斯凱爾，兩位神祇均是各霸一方的眾神之長。

「怒神」勞居住在勞山頂的聖湖上，負責統理那兒的眾神。其中一位出類拔萃的是「大力神」拉克，祂擁有一雙無堅不摧、長而有力的巨臂，常年生活在深碧的湖水之中，職責就是看守聖湖。祂一伸手就可

以觸摸到聖湖四周聳立的山巖。只要祂願意，祂可以把任何一位膽敢窺視聖湖者拖入湖底，成為祂的點心。勞山諸神經常化身成為各種兇猛的野獸出湖遊玩。勞山北坡聖湖畔的巨谷附近，有一塊平坦開闊的原野，那裡經常是祂們遊玩嬉戲的地方。

「智神」斯凱爾則住在雅賽姆河谷附近，祂是克拉瑪特沼澤地王國的眾神之長，當祂的麾下眾神一離開泥沼來到陸地遊逛時，就會化身成為羚羊、駝鹿、狐狸、郊狼、禿鷹、山鷹和鴿子，多半是性情溫和的野獸。

多少年來，比鄰而居的勞和斯凱爾一直相處和睦，相安無事，也時常一起在勞山北坡的那塊原野上遊憩。有一次，祂們為了智慧與勇氣的取捨引發一場糾紛。眾神們爭吵不休，戰爭打得死去活來。許多年過去，依然難分勝負。經過無數次的戰役，智神斯凱爾和位於克拉瑪特的沼澤王國，終於無力抵禦勞神諸將居高臨下的攻擊，終於慘遭毀滅，斯凱爾被敵人挖出了心臟。

陶醉在勝利喜悅之中的勞及眾神決定在勞山

舉行盛大宴會以及競技賽，邀請各路神靈前來慶賀，斯凱爾的屬下眾神自然也在邀請之列。慶典當天，勞宣佈競技活動的第一個項目是球賽，而那顆球就是從斯凱爾身上挖出的心臟。斯凱爾的屬下諸神們心裡都明白，只要將心臟放回首領的身軀之中，祂就可以死而復生。於是，祂們暗地裡商議，要把斯凱爾的心臟奪來，安放回祂的身軀裡去。

斯凱爾諸神藏身在山巒各處。駝鹿躲的地方離球賽現場最近，因為祂最拿手的是跳躍；羚羊站在林子邊，因為祂的腿長，跑得最快。其他各獸就守在離斯凱爾身軀不遠的地方。斯凱爾諸神佈下陣法，佔據了整個山坡。此刻只見，勞和屬下諸神圍成一個大圈，把斯凱爾的心臟拋來踢去。每次祂們一拋起球，斯凱爾諸神就故意起哄，嘲弄正在比賽的勞諸神：「祢們就沒本事再拋得高一些嗎？」狐狸每次都這樣喊：「連小孩子都拋得比祢們高。」於是，勞諸神一次比一次拋得更高，斯凱爾諸神依舊不停起哄，挑釁祂們。最後，勞接到心球，使出渾身力氣往上拋去，誰也沒有祂扔得高、拋得遠。

那顆心直飛到賽場的圈圈之外。躲在近處的駝鹿苦心等待的就是這個時機！祂一把抓起斯凱爾的心臟，順著山坡往下衝。剎時間，勞眾神全部大呼小叫地朝駝鹿奔離的方向追過去，但祂們哪裡追得上這頭以飛毛腿著稱的駝鹿呢？

駝鹿跑累了，把心臟轉交給等在林子邊的羚羊，羚羊接力往前衝。勞和眾神窮追不捨，羚羊再把心臟交給郊狼。郊狼再傳給禿鷹、禿鷹又交給了山鷹、山鷹又交給鴿子。鴿子帶著心臟降落在斯凱爾身軀停放的地方，將心臟安放在祂的身軀之中。於是斯凱爾復活了，並重新率領部屬繼續和勞開戰。

當輕揚的鴿鳴傳到勞以及眾神祇耳裡時，祂們立即停止追趕，返回山上的聖湖。斯凱爾率眾窮追不捨，戰爭再次重新啓動。廝殺之中，勞最後戰敗身亡。斯凱爾諸神把勞的屍體抬到湖邊高聳的巨石上。爲了斷絕勞死而復生的機會，斯凱爾命令諸神把勞的屍體剁成碎塊，然後扔給聖湖裡的拉克及其精靈，並騙祂們說：「看，這是斯凱爾的腳！」「這

是斯凱爾的手！」屍體被一塊塊地扔進湖裡，讓拉克和精靈們飽餐了一頓。祂就這樣戰勝了對手，拯救了自己的命運。

拉克發現後大怒，但斯凱爾諸神得到大神柯穆‧卡門普斯的幫助，平息了拉客的憤怒。此時勞諸神才終於得知湖底那個頭顱就是祂們的領導者，此後就再也沒去動過祂了。如今祂還露在湖面上，後來的人們把那兒稱作柯爾東那島。

勞的靈魂到現在依舊存在那塊高大的岩石上注視著湖面。有時候，當地面和水中諸神都睡著了，勞才會跳入湖水中，盡情發洩自己的怒氣，拍擊湖水，掀起巨浪。狂風呼嘯中，似乎隱約總會聽到祂悲憤的聲音。

在馬雅神話中，玉米神即創世神。新就任的國王必須放血（自殘）才能與神明溝通，並把帶血的紙片燒盡，換來天降甘霖。除上述各神外，馬雅神話裡還有創世者、先知的金鈴、神女和灰熊、水神、海神、冬風神、森林變形神、駝鹿神、守護神、蛇神、青蛙神、神猴祖珂、雷鳥、侍神烏鴉、狐狸

等等。

　　馬雅人心目中的美麗境界是一座天堂。主宰天堂的神叫作伊斯塔，祂是一個非常善良、公正無私且充滿愛心的神，在祂的主持下，天堂裡充滿歡樂，沒有疾病、沒有憂愁、沒有痛苦，只有吃不完的美食、寬敞的房屋、華麗的衣服。天堂萬般美好，人若是進了天堂就是來到無處不美麗無所不幸福的境界。反之若是到了地下，就是進入一個可怕的地獄。

　　馬雅人的哲學是：只要活著的時候做好事，死了就可以上天堂；反之就要下地獄，交由死神清算你在人世間所造的孽。祂們把地獄稱為米特納爾，由「死神」弘豪統治。祂會用各種非常殘酷的方式：飢餓、嚴寒、無休止的苦役和精神虐待來折磨罪人。不管上天堂或下地獄，端看此人在世的作為。如此看來，馬雅人最喜愛的神祇應該就是天堂的主宰伊斯塔了。

靈魂歸處與來世學說

　　生命終歸一死，生生死死乃自然法則。但是該如何對待生死卻是另一個層面的哲學問題，哲學二字其實並不如想像中那麼玄奧，那只是對萬物之本的關切。今日西方社會早已掀起一股「死亡教育」的熱潮，這並不是某些教育學家特意譁眾取寵，才將課堂搬到停屍間，只是人類對死亡這個議題表示關切的又一實例。人一出生就意味著死亡，所有人都知道這是最後的終點。雖然從一開始就預知了結局，但我們對這個結局卻仍是如此地充滿恐懼。

　　馬雅人之所以在死亡這個議題上大做文章自有其道理。那個黑暗世界顯然也特別引起了他們的關注，甚至比我們對這項議題的關注還要多些。試想，現代文明為全人類帶來不夜的燈火，社會發達

引領人群的喧囂，科學進步帶給人類相對安全感。然而在此之前，那些生活在中美洲原始熱帶叢林裡的馬雅先民，對長夜的黑暗體驗是否更深，心中孤獨與無助的感受是否更切，是否為了趕走對黑暗與死亡的恐懼，才會對宗教迷信表現出更熱切的依賴？

丈量一下現世生活到死亡世界的距離，也許對馬雅人來說很近。叢林中有兇猛無比的美洲豹，馬雅人敬畏牠們，並且奉若神靈。導致糧荒的天候變化，或突如其來的蝗災，都會造就成批可憐的災民。而那些高聳的巨石建築工程，每塊成噸的石料之下，都壓著無數血肉之軀的性命成本。更不用說那高高的祭壇頂上總不時上演著血腥人牲獻祭。戰爭、疾病、衰老、難產、意外，馬雅人的生命旅程處處都是標示著死亡的站牌。

不管求生或是怕死，都屬於生命的本能。而人類這個物種，因為具有智慧，於是連生死也不那麼簡單。人類首先要學會平衡主觀意識和客觀現實的情感衝突，學會面對死亡，並為之提供一個「說

法」。馬雅人把死亡視爲人生的避風港，認爲生命
將因死亡而再度揚帆起航。或者說，他們認爲死亡
並非生命的終點，而是中繼站，代表的是走完一段
旅程之後，轉搭另一班車的過程。於是，他們認爲
應該替步入「轉乘站」的生命過客提供許多「服
務」：他們悉心包裹屍體，在亡者嘴裡塞滿玉米，
以免亡靈在等候下一班車時挨餓。有時候還會在亡
者嘴中填塞玉石，玉石是馬雅人心目中的珍貴物
品，可令亡者免於貧困之苦，亡者可用來買車票。

馬雅人的墓穴裡還要放上神像，保佑亡者一路平安。至於亡者的身份證明也很重要，一切務必準備齊全。比如生前如果是位工匠，那麼就應當放進石斧以證明其職業和技能。生前是位祭司，就放上書籍圖譜。生前是位法師，就放上法器。生前是獵人、漁夫，就放弓箭魚叉，因為亡者在來世還會需要用到那些裝備。

　　馬雅人對死神十分敬畏，這點我們從馬雅人塑造的死神的形象就看得出來。死神名叫阿‧普切，祂的外形比較可怕，骷髏頭、無肉的肋骨、多刺的脊柱。假如是披了外衣的形象，就用黑圈圈來代表腐爛。祂的頭頸繫著金質小鈴鐺，這點卻不知是何用意。祂的名符有二：一是閉目的頭像，象徵死亡；另一個是沒有下顎的形象，以及用來殺牲的刀。祂是第九層地獄的主宰，一個十足的壞神。祂總是與戰神、人牲的符號一同出現，或者與貓頭鷹同被認為是罪惡與凶兆的象徵。祂會在病人房前徘徊，目的是獵獲可憐的生命。一有機會，祂便毫不客氣地取走病人的靈魂。若是王者的靈魂則會被死神帶進

黑暗的地域，承受無盡的酷刑。

馬雅人的神話故事提及世界上有十三層天堂和九層地域，如果靈魂想要重新轉世做人，那麼亡者的靈魂就必須經歷種種挑戰。等待轉世的靈魂，必須跟隨一隻能在夜裡看見東西的狗，沿著恐怖而潮濕的道路前行。一路上靈魂必須接受種種挑戰和折磨，直到他們找到來世的路。在馬雅人遺跡裡發現的十四個岩洞中，有寺廟、柱子、人類遺骨和陶器，諸多場景都與生死有關。馬雅文化專家認為，這些岩洞反映了馬雅人對「廣闊時空」的理解。

現今在墨西哥的猶加敦半島，人們發現了一個地下迷宮，裡面到處是石建寺廟和金字塔。到底是馬雅人的傳奇故事激發古人修建出這樣的地下建築，還是這些地下建築催生出馬雅人的傳奇故事？誰知道呢！

一千個馬雅人，就有一千個偶像

　　人們需求的多樣性，造就五花八門的神靈。馬雅各種級別、各種法力的神靈多如牛毛，幾乎每一件事都有負責掌管的神靈。當然，這個龐大的神族之中，最有力量、最常被人祈求的神靈並不太多，在多數崇拜儀式裡受人參拜的神祇大約只有十幾個，而其他神靈則僅限於在特殊場合，或爲特殊需要時才會向祂們求助。

　　馬雅的「創世神」是胡納伯，但這位造物主對馬雅人來說無甚影響，也許是太遙遠、太抽象了的關係吧。馬雅人倒是對這位造物主的兒子——「造人的天神」伊扎姆納特別崇拜，祂在僅存的幾部經卷中就出現過一百零三次。

　　「天神」伊扎姆納似乎是位上了年紀的男性，

沒有牙齒，臉色古銅，長著引人注目的羅馬式鼻樑，下顎間有鬍鬚。馬雅建築浮雕上經常見到祂的頭像，或者代表祂的日期符號（Ahau），藉此表示主宰。祂是 Ahau 這一天的保護神，Ahau 也是二十日週期中最重要的一天。祂是晝夜的主宰，太陽神可能只是祂的其中一個化身。祂除了是馬雅文字的發明者以外，也是猶加敦半島各地的命名者及劃分管轄區域的最高祭司。伊扎姆納還是曆法和編年法的發明者。另外，由於祂常常必須應對災荒病害，故而也會以藥神的面目出現。總之，祂對待人類是非常友善的。祂是馬雅人心目中慈愛的父親，馬雅人需要祂在天上照看自己。

「雨神」恰克也頗受人景仰，祂是一位保護神，大約是後古典時期從墨西哥中部流傳過來的。祂的形象很特別，長著安徒生童話人物小木偶那樣的尖長鼻子，彎曲的尖獠牙一前一後凸出，頭飾是打結的箍帶。祂的名符是一隻眼睛，側邊一正一反的空心「T」形就是眼淚，代表雨水豐饒。祂是風神、雷電神、豐產神、農業神。祂不僅代表著生長，

甚至直接代表了玉米農田。神話中從東南西北四個方向，紅黃黑白四個大缸裡取水行雨的善神，就是這位雨神恰克。祂隨時都備著這四個大缸來儲存雨水，管東方下雨的大缸是紅色的，管南方下雨的是黃色的，管西方下雨的是黑色的，管北方下雨的是白色的。雨神行雨之時，絕不含糊，按照方位分別從不同的大缸中取水施雨。

　　由於與馬雅人與農業生產息息相關，因而祂所受到的崇拜最多，現存經卷裡祂的名字就出現過兩百一十八次。

　　「谷神」吁姆‧卡盧，祂的形象年輕俊秀，通常用玉米作頭飾。祂是個勤儉的神，有時也代表森林之神。祂有不少敵人，這點或許起因於玉米總在

生產季節期間遭遇自然災害的情況有關。這位谷神頭飾有不少變體，祂出現的場合也千變萬化——和雨神在一起時象徵大地受到庇佑，而與死神同在時的鬥爭一定很激烈。

「死神」阿‧普切，祂是冥界的主宰，代表了死亡和懲戒。馬雅人對死神非常敬畏，敬祂可以對惡人施以懲罰，畏祂可以絲毫不費力的將靈魂抓去冥界。

北極星神夏曼‧艾克是一位好神。祂的鼻子形狀扁平，名符就是祂的頭像，頗似猴頭。祂被視為商旅的指南（實際是指北）。

「黑戰神」艾克‧曲瓦的形象正是黑色，祂的下唇肥而下垂，嘴唇外圈總是顯現紅棕色。祂的名符是畫著黑圈的眼睛，黑色所代表的自然就是戰爭。祂有雙重性格：作為惡神時，手持利矛，總是在洪災和殘酷的戰鬥、獵俘活動中現身；作為好神時，就像個背負貨物遊走各地的商旅。古代馬雅貿易行為或許就是以武裝販運的方式進行吧。戰神的相貌有時就像北極星，負責保護可可的種植。

與神靈之間的「利益交換」

　　人因爲有所求，因此產生了神；人因爲有所懼，因此抬高了神。

　　馬雅人的宗教信仰也同樣遵循這樣的規則，他們爲了追求各式各樣世俗的願望，因而尋求超自然的幫助，這點從他們獻祭的方式就可以得到證明。他們的獻祭行爲是爲了討好神靈，帶有「利益交換」的意味。他們獻上食物、煙草、果子、蜂蜜、魚肉、羽毛、獸皮、貝雕、玉器、掛飾等等，有時也獻上活的動物，甚至活人血祭。

　　供品的選擇，往往與他們願望的緊迫程度有直接關係。若是爲了治病療患、解決麻煩、打獵豐收之類的事，那麼獻上一點食物、飾品也就夠了。若是爲了商請神靈關懷重要事件，如洪水、瘟疫、

頻繁發生的蝗災、饑荒之類，那就不惜流血了。尤其是向雨神祈雨，更是非要以人牲獻祭不可。

西班牙人征服中美洲之後，親眼見到人祭的場景時非常驚恐。儘管西班牙人在戰爭中也會屠殺自己的同胞或是處死宗教異端，但自從公元二〇六年迦太基人的統治時代結束之後，這種儀式在西班牙便不再流行了。人祭讓歐洲人找到最好的理由輕蔑馬雅人。即使到今日，我們對人祭這種儀式，依舊本能地感到厭惡，這種儀式可說是人類歷史上最血腥，最不可思議的事件之一。不過人類學家的研究證明，此種風俗的歷史相當久遠，也相當普遍，許多民族都風行過這種做法。《舊約聖經》裡就提過，猶太人曾經以這種儀式來取悅上帝，而且是拿親生長子作犧牲來表示最大的誠意，這個血腥的犧牲品後來被改以羔羊來替代。

從這些方面來看，我們或許不應該把血腥凶殘的惡名丟給馬雅人單獨承擔，而當平心靜氣地把這個過程視為各民族共同必經的發展時期。

因應人神之間的「利益交換」，無論個人還

是整個部落，都隨之發展出一套符合需求的儀式。
通常每個儀式都要經過六個階段。

　　1.　先行齋戒節慾，主祭祭司和本人都必須暫
時禁止性生活，這是精神上潔淨的象徵。

　　2.　預先通過祭司占卜來擇定吉日，馬雅觀念
中每一日都有特定的神靈專門分管。

　　3.　先行驅逐參加儀式禮拜的人當中的邪惡精
靈。

　　4.　對著神像焚香。

　　5.　祈禱，向神靈提出要求。

　　6.　獻祭。

　　獻祭時表示虔誠的做法當然少不了鮮血，必
須用祭品流出的血塗在神靈偶像的臉上。塗血的惡
習常常也導致祭司們污臭不堪，因為他們也會將血
塗在自己身上，以致他們的頭髮糾結硬化，亂蓬蓬
地像支噁心的臭拖把。

　　馬雅人的血腥儀式似乎可以分成兩種類型：
一是自虐，一是行兇。

　　自虐型的祭典必須在虔誠的氣氛中進行。除了

將一般的供品奉獻給神靈之外，善男信女們必須把血液也奉獻出來。他們用石刀或動物骨頭、貝殼、荊棘等鋒利尖銳的物品替自己放血，割破的部位因人而異並且遍及全身，有時是額頭、鼻子、嘴唇、耳朵，有時是脖子、胸口、手臂、大腿、小腿，直到腳背，甚至還割破陰部取血。藉由自我傷殘來敬神，就好像孩子以懲罰自己來表明對父親的服從一樣，而且「不勞大人動手」。

從馬雅人著名的《玉米神》神話故事描述，就不難看出各部族競相向神靈表示最大虔誠時，根深蒂固地認定比付出貢品更難的正是付出自己的血肉。就這樣，自虐的痛苦變成了他們心目中虔誠的象徵。他們對神靈這樣說：「尊貴的神哪，請聆聽我們的祈禱，明視我們的供奉吧！我們將這些微薄的貢品奉獻給您，雖不足以彌補我們的過失以及貧乏導致的疏忽，但這是我們飼養的動物之血，還有我們腳上厚繭之下的血。請收下我們的心意，用溫和諒解的目光瞧我們一眼吧……」當神靈滿意地答覆他們：「你們哭吧！為那些不信神的不幸人們哭

吧！而你們將不會死去。」收到這樣的神諭之後，這個部族便得到理由掠殺其他部族。至於虐待其他「不信神」的人，也順裡成章地成了敬神的表現。

至於兇殺型的儀典，據說則是源於一個說法——如果不用人的心臟持續不斷地供奉神祇，那麼這些神祇就會喪失保持現有宇宙秩序的能力。

殺人獻神活動，除了隱含教人服從、敬畏、認同等意義之外，主要是教人敢於戰鬥、敢於死亡，甚至還象徵性地讓人宣洩殺人的慾望，獲得替代的滿足。

但也有人替馬雅人的血腥冷酷作了辯護。他們發現馬雅在古典時期幾乎沒有人祭，那個時代雕刻藝品的溫和形象證明了當時和平的宗旨。人祭其實是到了後古典時期，由墨西哥入侵的托爾特克族所傳入的，於是從公元十世紀之後，原本莊重的馬雅信仰因此出現變化。

考古學也證明了這一點，十世紀之前的馬雅宗教其實並沒有發生什麼變異，直到野蠻的征服者入侵後才產生了轉變，儘管後來征服者與原住民逐

漸同化了，但宗教上的轉變已然成形。

十六世紀西班牙人的傳說故事同時也記載到這一點。於是我們推論馬雅人在古典時期正處於四海昇平的黃金年代，因為天下太平沒有外部威脅，也就並不需要勇猛尚武。

直到十世紀後頻繁地發生戰事，才促使他們體會到「嗜血」的必要，逼得他們非用血與火的洗禮來保證民族生存發展的空間不可。

受馬雅文化影響很大的阿茲特克人，甚至發展出一個絕妙的方法：他們與臨近部落締結條約，

定期重開戰端。這麼做不爲別的，就是爲了捕獲俘虜用作人祭！馬雅人的作法更加形式化，有學者推測他們建造「球場」的目的是要利用球賽的勝負決定人祭犧牲的對象。

　　馬雅人以鮮血和生命來與神靈進行等價交換，這場交易公平嗎？顯然不是。如果他們信奉的神明真的存在，他們的祭品神明通通照單全收了，可是馬雅人真的從此得到庇護、坐擁幸福了嗎？大批奴隸和戰俘被抬上祭壇，背後代表的是青壯勞動力銳減。爲了修建廟宇和祭祀的需要，只得永無休止的啓動戰爭。正可說是這種殘忍、血腥、毫無人道的祭祀方式，令馬雅人將自己逼上了絕路。

小心一點，否則將遭遇厄運

　　現代人根據政治經濟與國家體系的不同，將世界劃分為第一世界、第二世界、第三世界。馬雅人則依照輪迴的概念理解心中的四個世界。該來的總要來，馬雅人心目中總有著根深蒂固的宿命論，它的根源也許就在於這種世界觀。

　　馬雅流傳的神話中敘述神明創造的前三個世界都失敗了，於是創造出馬雅人當時生活的第四世界。在此之前存在過的三個世界中，第一世界的居民是矮人，他們建造了許多偉大的城市，這些城市的遺址仍留存在馬雅人現在所居住的地方。矮人們的建築工作都是在黑夜中進行的。太陽一出來，他們就變成了石頭。今天的考古學家在一些石祭台上發現了矮人形的雕刻，這些祭台是當今發現最古老

的石塊之一。馬雅神話中所說的石頭人，也許就是
這些刻著人形的石祭台。

　　第 一 個 世 界 最 終 被 一 場 大 洪 水 淹 沒。
haiyococab 這個詞在馬雅語裡意爲「漫遍天下的大
水」。而第二世界的居住者是「侵略者」，結局同
樣爲大水所淹沒。最後住在第三世界裡的就是馬雅
人，他們都是普通百姓。淹沒第三世界的也是大水
災，被稱爲 hunyecil，意思是「浸沒」。前三個世
界分別爲三次洪水摧毀之後，出現了現世，也就是
第四世界。這裡的居民混合了從前三個世界生存下
來的所有人，以及這個世界本身就有的居民，眼前
這個世界最後也終將爲第四次洪水所毀滅。這個故
事充滿了悲觀的宿命。

　　過去的世界一次次被毀，留下的也許只有石
頭。今天的世界縱然再美再好，也會被不知何時將
至的洪水無情地摧毀。完全表現出人類面對災變時
內心深處的悲哀和無助。

　　類似的感受，我們多少可以從馬雅人社會生活
的細節中體會。試想，馬雅史上頻繁的戰事送出了

多少遭到殺害或被俘虜的農夫？馬雅人的宗教活動獻祭過多少人牲？熱帶雨林的沼澤、毒蟲、鱷魚，猶加敦半島上的颱風、海水倒灌、火山，這些自然災害每年奪去了多少生命？馬雅人所建造的許多城市都有著良好的排水系統，有些城市甚至建築在半山腰上。一切都代表著馬雅人意識到毀滅力量隨時隨地可能降臨，所以他們必須無時無刻準備好應變措施。

死神在馬雅萬神殿中佔有突出的位置。馬雅人相信，惡神對人類的詛咒始終存在。祂們拖著腐爛中的軀體，並列在對人類友好，保護萬物的神靈身側，祂們注視著人間，隨時準備把手伸向一無所知的人們。無論是面對好神，還是壞神，人類總是處於完全被動的狀態。真正主宰命運的是這些神的意念——人類的生命取決於祂們相互較勁的結果。

宗教中人與神的關係，往往決定著人類對生活的態度。因此，一般馬雅人對生活很少奢求，他們總是恪守本分、種地吃飯，很少追求過分的奢侈品。這種安於天命的態度與第四世界的基調非常穩

合。根據傳說，人們知道災難必定會來的，只是不知道這第四場洪水什麼時候來。在這種預知難以幸免的心態裡，他們不求無禍，只知在災難降臨之前明白知足常樂的道理。馬雅老人自知將去之時，總會表現出閑適安泰的氣度，坦坦蕩蕩地迎接死神。正是這種難得的心理平衡伴隨著馬雅人度過種種突如其來的災難，困難而又堅強地存活了下來。

世界上許多民族的古老傳說都有洪水的影子，馬雅傳說也用洪水象徵一切毀滅性的力量。如果這段故事並非根據真正的史實改編而成，至少也隱約反映了某個久遠而痛苦的記憶。確實，人類是太痛苦了。與大自然化海爲田、風雲萬變的力量比較起來，人類實在太渺小。人類和冰川融化、乾旱或溫室效應相比，和山崩、水患或風雨相比，實在太脆弱了。有史以來，不知有多少民族經歷大逃難、大遷徙，依舊逃不了覆滅的命運。人們不斷地設法躲避災難，努力改善環境定居下來，認真觀察自然尋找規律。每個古代文明總會找到有山有水的好地方落地生根、發揚光大。人們安居樂業，繁衍不息，

引水墾堅，造福子孫，並根據經驗累積，學會天文地理。

然而，文明發展的過程實在太過漫長，人對自然的瞭解和掌握也很有限。山水雖好，也有不測之風雲的時候；智慧雖高，也有遭到誤用的可能。

馬雅文明可以算是世界各文明中發展較早的一個。從馬雅人所處的熱帶雨林氣候和他們種植玉米的技術遺跡看來，要解決溫飽問題並不太難。這裡雨量充沛，一切生命都在迅速地發展繁衍。人類的其中一個分支最早也在這裡生根發芽，擴展文明。

馬雅最發達的文明是天文學。人類之所以研究天文星象，最直接的動力就是想瞭解天氣變化，掌握四時雨旱的規律。馬雅人精密的曆法、先進的數學，都是起源於對天空的好奇心，並在研究天文學之後連帶歸納而出數學方面的學術成就。馬雅人設計了精美的石造建築，也許他們的目的不一定是要建築永遠轟立，但他們肯定考慮到了颶風和暴雨的侵襲。

　　第四世界的故事同時也表達了一種輪迴思想。洪水可以一次次地來，但人還是一次次地組成世界。這個世界可以從人建造房屋開始，發展成一座城市，以及隨之而來的一切。就這樣，災難始終與建設交織在一起，不斷重複。直到最後，這種週而復始強調的已不再是災難的不可避免，而是人類面對它所採取的態度——照舊建設、照舊生活，既來之則安之。每一次災難過後他們總是頑強地生存下去。促使馬雅人創造出那許多文物，並且留存至今的，應該正是這種百折不撓的建設意識。人們總是

隨口批評馬雅的宿命論，然而，我們也不應忘記馬雅人面對命運裡的大災難有著多麼傑出的開闊胸襟和博大氣魄。你看他們數千年來從不懈怠，使用十八或二十進位，逐日用編年法累積計日，這個理論甚至可以上溯到幾百萬幾千萬年前。

可能是基於觀測天象的習慣，馬雅人對預兆深信不疑，他們的預測能力也非同一般。他們預測到希特勒的出生和死亡日期，預測到汽車的發明，他們是如何做到的？而他們突然的消失，是不是也因為他們預測到了什麼？

遭到文化滅絕之前的宗教景觀

　　神秘的馬雅文明給人最直接的印象在於其無所不在的神靈。這個神靈充斥的世界裡，竟依舊能產生那麼多充滿科學根據的偉大發明，真是一個衝突的現象。更奇怪的是，跨海而至的歐洲文明竟一葉障目，將智慧錯置為「邪教」，不懂得從這座寶山中發現寶藏，反而把人類智慧的傑作毀作傾圮，將馬雅人在天文、數學、曆法、編年、文字、藝術以及信仰諸方面的智慧結晶，盡皆污蔑為「魔鬼的勾當」。西方殖民強權在新世界裡，才真正犯下了文明史上最惡劣的「魔鬼勾當」——種族滅絕和文化摧殘。

　　那麼，在馬雅智慧被滅絕之前，那片「眾神的世界」又是怎樣的景觀呢？讓我們來談談馬雅人

宗教演進的歷史吧。

當初，馬雅宗教可能只是單純的崇拜，將左右他們日常生活的大自然力量人格化。太陽、月亮、雨水、閃電、颶風、山川、森林、河流，在這些大自然力量的包圍之下，馬雅人發展出漁獵生活。原始而簡單的自然崇拜並不需要什麼組織，也不需要祭司或秘傳的知識來闡釋，更無需什麼祭祀儀式和精心設計的儀典來實踐，當然也就不需要特定的地點來進行崇拜，比如廟宇之類。每個家庭的主人理所當然就是這個家庭的「祭司」，神位就是緊挨在

住處旁簡易搭建的臨時小茅屋。這種情形直到現代，還能在偏遠的馬雅部落中看到。

隨著農業從外部引進馬雅地區，農耕生活隨之興起，因而出現固定的居所和較多的閒暇時間。自此馬雅宗教開始逐漸形成一個體系，眾神的形象也越來越鮮明，肩負著向群眾詮釋並傳達神靈旨意的祭司也開始出現，隨之而來便需要建立更有威嚴的宗教場所，比如：聖地、廟宇。宗教開始變成由少數人處理多數人的事務。定居生活演變出較為永久的儀式中心，且願意組織勞動人力，艱苦的耗費時間建築聖地，發展更加精緻的儀式。就這樣過了幾千年，這段時間裡，馬雅宗教的變化相對緩慢，各種各樣的神祇相繼發端，祭司集團開始成形，繁複的儀式和精緻的聖地（此時還不是石造建築）也逐漸確立。這段時期結束於公元前三百五十三年或兩百三十五年，成果即是馬雅人先進的農業，進步的編年、曆法和精緻的象形文字。

曆法、編年和象形文字這三項由祭司發明出來的智慧產物，確實為馬雅宗教帶來了重大的轉折，

使它越加複雜及形式化。在日益重要的天文現象，以及曆法編年的神祇圍繞之下，獨特的宗教哲學從此漸漸成型。

考古發掘工作證實自公元前三世紀即出現一個重大的轉折。從此以後直至史料較多的公元九世紀馬雅古典時期，馬雅宗教哲學並無重大變化。近千年都沒有改變的原因，也許是因為馬雅人把創造的潛能都宣洩到需要耗費大量人力物力的石造建築以及雕刻中了。這樣的發展無非是為了不斷重複論證及強調精神上的信仰。

到了公元四世紀，馬雅文化在宗教哲學上鮮明的特徵，已經被牢固地確立下來。在馬雅文明發源地的重要地區──佩騰湖畔，馬雅宗教儼然成為一種高度發達的「迷信」。它將日益人格化的自然力量和越來越成熟的哲學相互融合成為基礎，天體被神格化，時間被拿來以罕見的各種形式加以崇拜。

這個大眾信奉的宗教，實際上是高度秘傳的，僅限由一個包括天文星象家、數學家、先知和精通儀典的祭司集團掌握及詮釋。隨著社會生活與宗教

的複雜緊密連結，繼續衍生出世俗的力量參與詮釋和主持，產生巫師和國王共存的現象。

十世紀以降的後古典時期，政治與宗教的結合日見明顯，這或許也因為當時外來軍事侵略導致宗教間的衝突以及連帶的信仰變異——來自墨西哥中部的托爾特克人帶來了人祭和偶像崇拜等較殘忍的習俗。根據古典時期各種雕刻上顯示的和平宗旨來看，幾乎沒有人祭的習慣，古典時期的馬雅宗教是莊嚴肅穆的，不太可能出現血腥冷酷的儀式。而且古典時期正處於馬雅文明黃金年代，無論在石雕、木雕或陶製品上，似乎也沒有廣泛使用偶像。

就文化發展上看來，宗教發展一旦成熟就很容易日漸步入抽象化，將重點擺在人的心靈。比如基督教就反對偶像崇拜，上帝無須經過世俗形象也能在人的內心生根。在古中國先秦時期也正因為不崇拜具體的神靈，才促進了諸子百家爭鳴的局面。

以十世紀為轉折，馬雅宗教從此開始略失水準。除了繼續建造大型公共宗教建築和偶像之外，政治貴族、宗教祭司和富人家庭開始在自家設立小

型祈禱場所和私人的偶像，以便自己私下禱告和獻祭。他們的偶像實在太多了，連神祇都似乎不夠用，因爲他們幾乎把每一種動物或昆蟲都做成塑像。一位十七世紀的西班牙傳教士在描寫佩騰湖畔最後一個獨立的馬雅城堡塔亞沙爾時寫道：「他們的神像，就像櫛比鱗次的街道房屋一樣多。」有人說馬雅偶像有十萬個以上，甚至有人說上百萬個。這個數字或許未經證實，但也不必太過計較。幾乎所有遊歷過馬雅地區的人都同意當地偶像存在的數量真的很多。實際上，每個馬雅人，無論是貴族還是祭司，富人還是窮人，全都有自己崇拜的偶像。

在這一大群神靈之中，有許多偶像其實是祭司自己創造出來的，不妨說是祭司們欺騙人民的手段。他們利用馬雅平民辛勤種植玉米的血汗，換來整個龐大複雜的政治、社會、宗教體系。祭司們認爲人能夠活著是雨神恰克的恩賜，神若是發怒，人類也就要遭殃了。這套觀念風行於馬雅人的生活方式中，構成了馬雅人心目中的真實世界。

迷信的馬雅人

　　馬雅人篤信宗教，他們的文化生活充滿宗教色彩。在馬雅人的社會文化和宗教結構中，統治者總是透過迷信鞏固其王權。

　　馬雅人的主神是太陽神，於是他們告訴人民，國王就是太陽神在凡間的代言人，永生不滅，所有臣民都是神的旨意，必須世代受到統治。他們崇拜太陽神、雨神、五穀神、死神、戰神、風神、玉米神等。太陽神位於諸神之上，被尊為上帝的化身。另外他們也行祖先崇拜，相信靈魂不滅。

　　馬雅的宗教事務由國家兼管，首都即為宗教中心。他們的迷信，幾乎與天文、地理、數理、文化和智慧共同存在。早期人類對迷信深信不疑，迷信和其他生活常識同等重要。而自然知識也一樣對

人們的生存至關重要，必須被認真遵守，並且代代相傳。

與天候相關的徵兆則總是介於迷信與科學之間。比如，燕子低飛有雨，高飛則放晴。玉米葉薄預示冬天較暖，葉厚預示寒冬。蟬的鳴叫能預報天氣，如果蟬很早就在樹梢高歌，人們就知道「今天天氣會很熱」。我們也聽人說過：蟬鳴天氣晴，雨天蟬不鳴；蟬在雨中叫，預報晴天到；蟬兒一鳴叫，雨季停得早；蟬鳴結束早，秋季轉涼早。馬雅人同樣也會靠蟬鳴來預測天氣，在馬雅人看來，蟬是最忠實的天氣預報員，一年一度燃燒麥田的時間就由牠們的叫聲決定。因為在燒田的時候，風向一不對，大火就會像食人的猛獸，可能會燒死農民。另外，如果用來引火燒田的木棍掉到地上還能繼續燃燒，那可真是一個好兆頭；如果木棍一直燃燒到尾端，那麼扔木棍的人一定會長命百歲。

此外，馬雅人也信仰數字。九是最吉利的數字，可能是因為通達天堂的台階正是九級，也可能因為馬雅有九位地神。如果在週二發現一隻蜈蚣，

一定要把牠切成九段，這樣就可以帶走壞運氣。如果見到綠色的蛇，人就會在一年之內死亡，除非趕快抓住牠，並把蛇切成九段。治療百日咳的方法是：在門廊裡掛上新鮮的葫蘆，連續掛九天，並且在第九天早晨和朋友分食，這樣就可以除病。九粒穀物可以治療麥粒腫；皮膚病也可以用九片魚鱗九支玉米加九個鵝卵石釀製的酒來治療。

另外十三也是馬雅人心目中的吉祥數，可能起因於十三在古馬雅曆法中所佔有的重要地位，或

是因爲馬雅有十三位天神的關係。十三這個數字的使用，似乎僅限於宗教慶典。每次慶典都要準備好十三塊麵包、十三碗飯、十三個十三層的蛋糕。大多數的馬雅迷信都是爲了驅除不祥，還有更多的預示在他們心目中都是壞運氣的象徵，只有少數是象徵吉祥的。可見馬雅人傳統上非常相信宿命論。

馬雅和中國一樣，都會依據動物的叫聲，反常的狀態來判定天氣狀況，這其中確有人類觀察大自然的經驗與智慧，即使在人類已有足夠技術掌握生態規律的今天，都能夠理解並接受這些古老智慧。誰知這些智慧結晶在過去，也曾被斥爲無物。同樣地，對於馬雅人留下的文字、算數、曆法、建築、天文等成就，我們稱許爲燦爛的文明；但對他們文化中的釋夢、釋兆、釋生死、釋命運的說法，我們卻僅以風俗習性觀點、甚至冠之以迷信來理解。

當我們用這個時代的標準去衡量另一個民族對生活和大自然的理解時，不應帶著取笑心態，而應虛懷若谷、設身處地去瞭解。

不可不知的數字解碼

凡間萬事萬物，盡在數字之中

前人栽樹，後人乘涼，現代人了解馬雅人的獨特創意之後，便將馬雅的數學系統稱為「人類最偉大的成就之一」。

三個數字，解決一切數學難題

　　數學是科學的基石。在西方思維中，佔據重要地位的學派，當屬以數學為解釋宇宙之本的畢達哥拉斯學派。他們將數學從具體而實用的計數行為中分離出來，並將之提高到世界基本組成元素的層次。在這種獨樹一幟的學說之下，這個學派發展出許多重要的數學定律，直至今日這些定律仍以他們的名字命名。

　　馬雅人很早就發明了一種巧妙的方法來表示數字，不管多大的數字，只要用三種記號就可以表示。馬雅人的計數符號以一個圓點代表「一」，一橫代表「五」。第一位到第二位採用二十進位制，第二位到第三位採用十八進位制。因此，「四」的表現方式是四個圓點，「六」就是一橫加一個圓

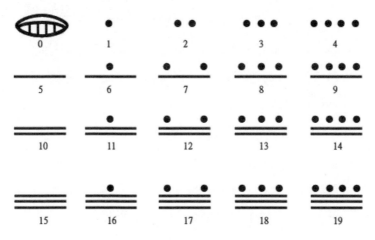

點，「九」是一橫加四個圓點。「十」是兩個橫橫，「十一」是兩橫加一個圓點，「十四」是兩橫加四個圓點，「十五」是三橫，「十九」是三橫加四個圓點。每逢「二十」則進位至第二位，原來第一位的位置就用一隻像貝殼紋路的圖案來代表「零」。

　　由這種表達法可以看出，馬雅人已經在計算中引入零的概念。在中國的計數系統尚未出現零的概念時，每逢進位就以單位當做數字標記，逢百、逢千也同樣如此。比如數字一百三十五，它的表達

方式是一百接著三十再接著五。這個字如果加上六十五，就等於兩百。這個表達方式完全不涉及零，也就是說，只有文字的表述，並沒有像阿拉伯數字的記述方式那樣，將三位數之中空置的位置用任何形式表達。

藉著數學的發展，馬雅人在沒有分數概念的情況下，精確地計算出太陽曆一年的時間，其精確度比我們現在所通用的格里曆法還要精確。他們藉著對金星軌道的觀察結果，推算出金星公轉週期為583.92日。按照他們的方式推算，每一千年僅有一天的誤差。馬雅古代社會中，天文、曆法、農事，三者密不可分，而三者的基礎也都來自於計算。

數學上的高深智慧，造就他們在天文知識、曆法系統、農事安排上複雜精妙而又井然有序的從容生活。他們不需任何特殊儀器，僅靠觀星就能準確定出分、至日、年，以及各種重要會合日。藉此充分掌握天氣變化的規律，準確計算出雨季、旱季的更迭，為農業產量提供最重要的保障。

馬雅數學的成就當然還表現在他們超群的建

築成就上。眾多巨型建築和群落的定位、設計，都牽涉到太多的數學問題。建築這門技術，真可說是凝固的數學。馬雅特有的尖拱門造型就蘊含著精巧的數學結構。他們還有許多充滿天文知識的建築，比如：觀察分、至日的建築群。從丈量的精確性，到定位的相互呼應，都需要分毫不差的數學計算，今日的我們才能夠透過斷壁殘垣看到馬雅特定的奇景。

數字在馬雅人的生活中佔了很大的比重，身為祭司的首要任務就是盡可能擔當起這個重責大任。而馬雅的天文學知識，同樣也完全倚賴祭司們日復一日、年復一年不斷地觀察與記錄。這個數字記錄系統，更反映出馬雅紀年的傳統。

十個腳指頭與十個手指頭

　　馬雅人雖然在建築、天文曆法、數學、文化等領域都開創出燦爛的文明，其數學體系更是馬雅人最受讚賞的智慧。

　　我們以進位制爲例，現代人最熟悉的應該是十進位計數法。十進位記數法從原始時期起便已開始發展，直至商代初期逐漸成形，而後逐漸發展爲更完整的十進位制系統，同時出現「十」、「百」、「千」、「萬」等專用名稱。在河南安陽發掘出來的象形文字是大約三千多年前的殷代甲骨文，其中載有許多數字記錄，最大的數目字是三萬。其中一片甲骨上刻著「八日辛亥允戈伐兩千六百五十六人。」（八日辛亥那天的戰爭中，消滅了敵方兩千六百五十六人）。這段文字說明在公

元前一千六百年，就已經採用了十進位制記數法。這種記數法並沒有零的概念或符號，但由於引入了幾個表示數字位數的特殊文字，如：十、百、千、萬等，才能確切地表示出任何自然數，可說是相當成功的十進位值記數法。這個記數法歷代稍有變革，但基本框架一直沿用至今。

所謂十進位計數法，就是「逢十進一，借一還十」。除此之外還有六十進位計數法、二進位計數法、十二進位計數法、十六進位計數法和二十位計數法。

六十進位計數法就是「逢六十進一，借一還六十」。比如角度的度分秒，還有計算時間的時分秒，用的就是六十進位。二進位計數法就是「逢二進一，借一還二」，在電腦技術上經常使用。十二進位最典型的運用就是長度單位的換算，同樣「逢十二進一，借一還十二」，比如一英呎就是十二英吋，一打等於十二個。十六進位計數法就是「逢十六進一，借一還十六」，傳統市場依舊通行的重量單位就是十六進位，十六兩等於一斤。

　　其中二進位制被認爲是最古老的記數法。它出現在人們還沒開始用手指進行計算，而是以一整隻手爲基本單位，一雙手爲另一個單位的方式時。直至人們開始用手指進行計算，各種計數法就隨之創造出來了。五進位制是手指計數法之中最古老的方式，據推測最早起源於美國。當人們發現可以使用一隻手上的五根手指進行計算時，立刻廣爲流傳。五進位制的使用過程中，每當一隻手上的全部手指都用光了，外部的記號也就隨之應運而生。

　　隨著時間的推移，計數法開始發展出兩個支線。用一隻手的手指計算擴展到兩隻手的手指，進而應用到兩隻腳的腳趾。只用雙手計算的，演變爲十進位計數法的基礎。擴大到用腳趾計算的，就演變成爲二十進位制的基礎。採用這種計數制的典型代表就是北美洲印第安人、中美和南美的土著居民，同時推廣到西伯利亞北部和非洲。馬雅人也同樣根據日常生活的需要，從腳和手的二十個指頭，發展出二十進位計數法。

　　馬雅人充分利用二十進位，他們的數字演算

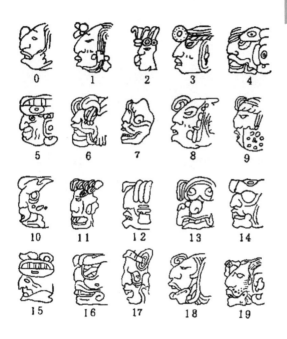

技術足以擴展到四百萬年以後。即使在現代，這樣龐大的天文數字也只有在星際航行和測算星空距離時才用得上。馬雅人使用二十進位我們不難理解，但是人們不由得問，他們用得到如此巨大的數字嗎？馬雅人用這麼大的天文數字，是為了計算什麼呢？二十進位的使用，對馬雅人來說是偶然？還是有「天人」的指導？

　　有人猜測，二十進位的起源可能也是因為馬雅人計數時用上十個腳指頭和十個手指頭的關係，

就像我們小時候剛開始學加減法一樣，我們也習慣用手指來做計算。那麼當馬雅人手指不夠用的時候也就同樣用到了腳趾。直到數字大到二十不足以表達的時候，他們便進了一位，或許用拇指或者大腳趾來表示進位數字。於是，馬雅人二十進位的應用於焉而始。

總之，馬雅人在數學上的造詣令世人驚嘆，他們的數學源之於生活，最後又應用於生活。

數字「零」是誰先發現的

　　「零」是極為重要的數字，「零」的發現被稱為人類偉大的發現之一。「零」在古中國時代被稱為金元數字，意即珍貴的數字。「零」很神奇，它可以表示什麼都沒有，也可以表示無窮無盡。馬雅人在數學上有個偉大之處，就是將「零」用在運算之中，這個做法比歐洲人早八個世紀，這點使得向來以先進科學自豪的西方人大為震驚。

　　西方人的數學風格與他們的思維模式大有關係。實際上，數學正代表著擺脫具體思維，單純進行分析，而這種抽象化的進程，也構成了科學思維的基礎。數學計算中，零的引入就是一種突破。有了零的概念，人們不再只停留於計算多寡，還開始計算有無。數字維度也不再是單向的無限制累加，

開始同時存在不同進位，不管什麼進位法，最後都統一於零這個形式。零的應用，比如 22 後面加上兩個零，就變成了 2200，將這兩個相差懸殊的數字簡單明瞭地表達出來的正是「零」。零這個符號在人類把玩數字、操作數量這件事上，開拓了一個嶄新天地。

以前我們都以為「零」是印度人發明的。公元前兩千五百年左右，印度最古老的文獻《吠陀經》裡就出現「零」這個符號的應用。當時的零在印度是用來填滿空的位數。約在六世紀初，印度開始使用命位記數法。直到七世紀初印度大數學家葛拉夫‧瑪格蒲達首先說明了零的性質，任何數乘以零就是零，任何數加上零或減去零就會得任何數。遺憾的是，他並沒有提到以命位記數法來進行計算的實例。也有學者認為，零的概念之所以在印度產生並得以發展，是因為印度佛教中存在著「絕對無」的思想。

公元七三三年，印度一位天文學家在訪問現今伊拉克首都巴格達期間，將印度的記數法介紹給

了阿拉伯人。因為這種方法簡便易行，不久就取代了阿拉伯數字。這套記數法後來又傳入西歐。

　　但是大約在一千五百年前，歐洲的數學家們其實並不知道用「零」這個數字。當時羅馬有一位學者從印度計數法中發現了「零」這個符號。他發現有了「零」，進行數學運算變得非常方便。他因此非常高興，並把印度人使用「零」的方法告訴大家。這件事不久就被羅馬教皇知道了。當時，教會的勢力非常大，甚至遠遠超過皇帝。教皇非常憤怒，他斥責說：「神聖的數是上帝所創造的，在上帝創造的數裡沒有『零』這個怪物。誰若是使用它，就等於褻瀆上帝！」於是，他下令把那位學者抓了起來，並施以酷刑。「零」就這樣被教皇明令禁止了。然而到了今日，「零」在歐洲被廣泛使用，而羅馬數字卻早已日漸稀少了。

　　當人們根深蒂固地認為印度人是「零」最早的發現者時，研究學家在馬雅數學裡發現馬雅人至少在公元前四世紀就掌握了「零」這個數字的概念。它的發明與使用比最先使用「零」這個符號的

印度數字還要早，也比中國人和歐洲人都早了八百至一千年。馬雅人數學體系的先進之處，便是「零」這個符號的使用。馬雅數字「零」的表示方式，不僅在全世界各個古代文明中別具一格。連時間上也比印度人和歐洲人早，無怪乎向來以學識先進自豪的西方人會為此大為震驚。

從馬雅人的「零」可以看出他們思維能力的成熟，以及整個天文、曆法、農事知識的龐大規模。

這些可觀的成就，以及他們對抽像規律的追求，可能和祭司對神聖地位的追求互為因果。這種迷信的文化職位，卻如此促進了人的求知慾，在追求神話的過程中，開始了科學的第一步。

現代人總是輕視巫師或祭司的行為，以為那些「迷信」無非盡是文化垃圾。然而，這個被我們視為「零」一樣的神靈信仰世界裡，卻共生著「無數」充滿生命力的寶貴文化。

由於用了「零」這個符號，馬雅的二十進位制表達方式顯得格外合乎科學要求。馬雅人在數學方面的造詣之高深，使他們能在許多科學和技術活動中解決各種難題。但非常可惜的是，有關馬雅數學的圖書或文獻連一本也沒有流傳下來。這些失落的數學與科學文獻，是馬雅文明最幽深的一角。我們只能透過考古學的發現一窺馬雅人非凡的數學成就。

為什麼天堂有十三層，
地獄有九層？

馬雅世界是人權與神權統一的世界，統治者利用眾神來維護並加強他們的王權。人們為了完成各種各樣世俗的願望，轉而尋找超自然力量的幫助，也因為需求的多樣性，引領出多如牛毛的神靈。當然，在這龐大的神族裡，最有力量，最常被人祈求的神靈只佔其中少數而已。

馬雅人認為天上有個美滿的世界，充滿了歡樂，沒有疾病、沒有憂愁、沒有痛苦，只有充足美味的食物、寬敞的房屋、華麗的衣服。而在地下則有一個可怕的地獄，飢餓、嚴寒、無休止的苦役和精神上的虐待是地獄的特色。人死之後，到底要上天堂還是下地獄，但看人生在世時的所作所為。活

著的時候做好事，死了就可以上天堂，反之就要淪落地獄，由死神來清算人世間所造的孽。

　　天堂之神與陰間之神分屬善神與惡神兩大陣營。馬雅人認為天堂有十三層，每層都有一位主事神。陰間則有九層，分由九位神祇掌管，祂們同時也是夜神。天堂的十三層呈金字塔形，每一重就是一級台階，東邊和西邊各有六重向上遞增，第七重就在中央最高層。統領眾多天上之神的是創世神胡納伯‧庫，祂就屬於金字塔十三層天府的第七層，也就是最高一層。但祂非常抽象，是少數沒有實際形象的神之一，實際上對馬雅人的生活也沒有多少影響。

　　馬雅人最崇拜的是天神伊扎姆納，伊扎姆納是創世神胡納伯‧庫的兒子，天上眾神的真正主宰者。祂不僅是藥神、地球之神和火神，同時也是書法和書籍的發明者。祂賜給地球雨水，讓土地適合種植莊稼。伊扎姆納也像許多其他神祇一樣，集四神於一身，祂的每一個身份都有專屬的顏色和方位：東邊是紅色，西邊是白色，北邊是黑色，南邊

是黃色。古馬雅人透過祈禱和儀典向天神伊扎姆納請求他們基本的兩項願望：賜給雨水以獲得好收成，還有避免災難。

和天神伊扎姆納一起掌管天地萬物的其他眾神們分別支配著自然界的某些事物。太陽神是眾神的首腦，祂同時有著兩種截然不同的形象：一個漂亮的年輕人或一個長著大鼻子的駝背老人。這兩種形象反映了太陽神的行為對人類的影響。在祂每日的旅行中，穿過天堂的十三層時是慈眉善目的，但是在穿過地府時卻很兇惡。太陽神的職責掌管健康、音樂、詩歌和書法。與太陽神搭檔的是月亮女神伊希切爾，祂掌管著豐收、草藥、紡織、彩虹、歌唱和分娩。伊希切爾還同時掌管地球上各種水體，比如：湖泊、水井、地下水、海洋，因此得到「海洋女士」的稱號。太陽神和月亮女神的婚姻通常是幸福而快樂的，然而一旦祂們之間出現不和諧，整個宇宙就會迴盪著祂們的激烈衝突，導致月蝕等現象發生。這時的月亮女神就會變成一個怒氣沖沖的老太婆，頭上纏著扭曲盤繞的毒蛇，裙衱上繡著交

叉骨頭的恐怖圖案，手和腳長出兇猛動物的利爪，祂手裡的小瓶子盛滿洪水，向大地傾倒。

金星神諾‧艾克和北極星神夏曼‧艾克對人們的生活也有一定的影響。金星神諾‧艾克掌管打獵，北極星神夏曼‧艾克是慈善之神，遠古時代航海家在夜間航行都要依靠北極星神來指明方向。雨神恰克也是馬雅的重要神祇，祂也有四重身份，負責帶來閃電和雨，而雨正是豐收不可缺少的條件。所以在以農業為主的馬雅社會中，雨神恰克的地位非常高，直到今天的馬雅社會，人們仍然供奉著祂，祈求充沛的雨水，避免乾旱。最後是庫庫爾康，祂象徵著相對事物的融合。因為有祂，宇宙才得以從最初的混沌狀態變得井然有序。

在馬雅人的觀念中，地府是非常令人敬畏的，充滿了對人類的惡意。地府共有九重，呈倒金字塔形。每一重就是一級台階，西邊的四重成遞減，東邊的四重成遞增，第五重坐落在地府的中央。

每個人死後，都必須先穿越地府才能升天。為了順利完成這個艱險旅程，亡者的陪葬品中總會

備好一雙新鞋，還有用來驅趕野獸的木頭以及糧食（通常是玉米）。旅程當中必須穿越湖泊和江河，只有依靠狗作為嚮導才可以完成。掌管九重地府的九位地府之神中，位於第五重，也就是最深的那一重裡，就居住著死亡之神。祂被描繪成一具頭骨、脊骨和肋骨都暴露在外的恐怖形象，總是佩帶著許多響鈴。輔助祂的是美洲豹神，那是最被馬雅人敬畏的一種動物。美洲豹神同時也幫助太陽神完成每夜穿越黑暗的旅程，佈滿繁星的夜空就是豹神身上毛皮斑點的象徵。墨西哥恰帕斯州的印第安傳說就描述過：直到美洲豹將太陽吞掉，地球上的生命將從此全部遭到毀滅。

十三位天堂統治者和九位地府的統治者之間存在著永久的對抗關係。這種正義和邪惡之間永恆的對抗，產生了地球上種種自然現象。正義之神掌管著打雷、陽光和下雨。為了對抗正義之神，邪惡之神便開始在地球上製造乾旱、颶風和戰爭。為了在正義和邪惡的對抗之中獲得平衡，人類必須扮演好自己的角色，馬雅人就在這場宇宙戰爭之中發揮

著重要的作用。為了安撫邪惡之神，同時取悅正義之神，人類必須持續供奉祭品並作出犧牲。

　　而位於世界中心的地球就矗立在一隻巨大爬蟲動物的背部。所以在馬雅人的信仰中，爬蟲類動

物是神聖的，換句話說，地球本身也成了神。按照這個邏輯，馬雅人就生活在神裡面，享受著神賜予的食物、水以及紡織和建築所需要的原料。

　　古馬雅人有著統一的宇宙觀，所有人類的行

為都是為了取悅於神，以及保持世界的平衡。只要人性遵循這個基本的前提，神就會繼續保護人類，這種觀念直至今日仍然發揮著作用。他們相信仁慈、忠誠、節欲、對自然的尊重、對小孩和玉米田的照顧，都會引導人通向那十三層天堂。在那裡，人類可以得到真正的寧靜和快樂。而不肯遵循這些準則的人，就必須在地府裡等待，或許必須變成狗或騾，被驅使著不斷勞動，直到受了足夠的苦之後才可以獲得機會重生，返回地球。

有一位哲人說過，人因為有所求，才產生了神；人因為有所懼，才抬高了神。在馬雅人看來，神靈世界遠比凡塵人世豐富偉大、神秘莫測，這為他們的文明增添了更為博大精深、幽遠神秘的色彩。

在馬雅人的世界裡，神的意志決定一切。

日月星辰、**太陽曆與太陰曆**

　　我們熟悉的陽曆還有另一個說法叫做格里曆，在天文學上指的是按照太陽週期運動為基準的曆法。根據太陽直射點的運行週期來看，一年約有365日，平均每四年有三個平年、一個閏年，閏年和平年僅差一天。

　　為什麼要有閏年呢？嚴格說起來，陽曆一年並非剛剛好的365日，而約為365.2422日。因此每四年必須有一個閏年，也就是二月多了第29日。有了每四年一閏的安排之後，陽曆被修正成為一年大約365.25日。但這樣還是有誤差，於是每一百年就會減一個閏年，也就是公元一七〇〇、一八〇〇、一九〇〇年等均沒有閏年，這麼一來便修正為一年約365.24日。其後每四百年再加回一個閏年，即公

元一六〇〇年、二〇〇〇年、二四〇〇年等均有閏
年。所以到今天，已經修正爲一年約 365.2425 天，
仍有 0.0003 天的誤差，換算一年誤差二十六秒，也
就是大約每三千三百年才會累積一天誤差。這個結
果已經很準確了。

根據現今陽曆，雖可以明顯看出一年四季寒
暖變化，但在每個月份中看不出月亮的朔望盈虧。

馬雅人的數字是二十進位，所以每月只有二十
天。他們通用的曆法有三種。一種叫「卓爾金曆」，
用於宗教崇拜，把一年分爲十三個月，每月二十
天，全年共 260 日。

第二種是「太陽曆」，每年有十八個月，每

月一樣是二十天，另加五天是禁忌日，即全年共
365天，每四年加閏一天。馬雅人計算出地球年長
度為365.2420日，與前面提到的現代陽曆測算結果
約365.2422日，誤差僅0.0002日，也就是每五千年
才僅僅誤差一天。

第三種就是「太陰曆」，又稱「金星曆」。
馬雅人費了三百八十四年的觀察期，算出一年584
日的金星年，與現今測算出的583.92日，誤差每天
不到十二秒，每月只差六分鐘。太陰曆不僅算出金
星公轉一周的時間，也找出糾正太陽曆和太陰曆累
積誤差的方法。

平時馬雅人同時使用這三種曆法，其精確程
度遠遠超過同時代的古希臘或古羅馬曆法。這是個
多麼令人難以置信的數字！幾千年前的馬雅人怎麼
能有這麼精確的計算！

其中卓爾金曆輪迴了七十三圈後，剛好和周
轉五十二圈的太陽曆回到同一個標記上，稱為一個
「大週期（Calendar Round）」。對馬雅人來說每個
大週期的結束都是非常非常重要的日子。他們會大

肆祭拜神靈，祈求神賦予他們另一個大週期。而這個週期中最後一年的五天禁忌日，被認為非常不吉利，馬雅人相信冥界的神靈會在這幾天內來到人間吞噬人類。

對於篤信神靈的馬雅人來說，這五天之內，人間會變成煉獄，冥界的神靈會以任何形式，比如瘟疫、飢餓或者乾旱，輕易帶走他們之中的任何人。他們將被送到冥界服役，從事無盡的繁重工作。因此在這五天當中，他們會停止一切娛樂及生產活動，遵照祭司的指示，將一些貢品獻給冥界的神靈，並向神靈祈禱，祈求祂們收下貢品，放過族人，讓人們有更多的時間可以陪伴親人朋友。這五天內，人們可能會大規模的屠殺奴隸，可憐的奴隸被捆綁起來，在四個祭司的禱告聲中被殘忍的割開皮膚，用鮮血滿足冥界之神的需求。

馬雅的曆法成就連十六世紀歐洲殖民主義者都望塵莫及。因為那時的歐洲，普遍所使用的還是相對粗糙得多的「凱薩曆」，也被稱為「儒略曆」，是現今通行之格里曆的前身。

卓爾金曆法，對故土的紀念？

　　馬雅曆法錯綜複雜，其中每一部分都能影響其他部分。卓爾金曆、太陽曆和太陰曆並行不悖，彼此環環相扣，構成了一個集合，各自以各自的方式記錄著逝水流年，每一種都有其不可替代的作用。而占卜計算某個特定時間的先兆或某個具體行為的合宜性，就是這個曆法機制中另一項令人驚異的運作。

　　宗教占卜功能是馬雅曆法的首要目的，也是馬雅曆法發展的基礎。其中用作占卜的曆法正是卓爾金曆，譯意是「日子的計數」，實際上真正的馬雅名稱卻不可考。

　　說到卓爾金曆，這可說是一套令人毛骨悚然的曆法。我們已知太陽曆是地球繞太陽一周的時間，

太陰曆是金星繞太陽一周的時間，但在太陽系中卻沒有發現任何適用卓爾金曆的行星。只知三種曆日表達方法，就像三個緊密咬合的齒輪，構成錯綜複雜的機制。

卓爾金曆把一年看成是 260 天的循環週期。這顯然無法用自然現象來解釋，無論是雨季的長度、太陽運行的週期、人類的懷孕期等等，都不是 260 天。但這個週期看來的確應是人爲制定的，推測爲二十和十三排列組合的結果，據悉這兩個數字在整個中美洲都有儀式上和象徵上的重要意義。卓爾金曆的 260 天依序用二十個名詞表示：分別是伊克、阿克巴爾、坎、契克山、克伊米、馬尼克、拉馬特、木盧克、歐克、契烏恩、埃伯、本、伊希、門、克伊伯、卡班、埃茲納伯、夸阿克、阿華烏、伊米希。從一至十三，順序與這二十個名詞互相循環匹配，完成一次循環正好是 260 天。這與中國使用天干地支的邏輯很相似，十個天干與十二個地支分別搭配，六十個組合形成一個循環即稱「一甲子」。

卓爾金曆中每個日子的專有名詞都是一個神

靈，藉此象徵庇護，神靈與相對應的日期之間有其特殊含義。馬雅數字雖然通常是由點與橫組成，但也常常用神靈的頭部特徵和象形文字來表達。我們只知道，二十天就是一套儀式活動的長度，一年共有十三套。不過，究竟是先有曆法還是先有祭神儀式，亦不可考。從結果推測，神靈們的每日分別出場，應該各自象徵著不同的吉凶徵兆。就像基督教中每七天就會有一天禮拜日一樣。馬雅曆法中，每日不同的吉凶徵兆也有其自然調節的作用，帶領著不管正奔忙著任何事的人，不致日復一日連續不斷的勞動，而會因吉日凶日有所選擇避讓。

這種儀式及曆法是中美洲文明最基本的發明之一。差不多每個不同民族都有不同的變體，公元前五百年就已開始使用了。儘管馬雅曆法幾乎已經失傳，但依照曆法進行的儀式卻一直到今天仍在若干馬雅部族中保存著。

至此我們不斷提到馬雅曆法共有三種不同的紀年法，即金星年、地球年、卓爾金年。我們已經知道，馬雅人的金星年、地球年都計算得相當精

確，頗具天文智慧，這兩顆天體也都可以在太陽系裡找到。但什麼是卓爾金年呢？這讓許多科學家百思不得其解。

有人解釋說，卓爾金年是馬雅人的宗教紀年法。持此觀點的人進一步解釋，每年十三個月，每月二十天，總共 260 天的劃分法是用來做占卜吉凶的。但是，這種解釋並沒有任何佐證，為什麼馬雅人要用 260 天來表示宗教儀式的進行呢？十三個月的劃分也明顯與地球的天文學發展歷程不相符，而且馬雅人的神話傳說中也沒有任何 260 天或十三個月的淵源。於是有人推測，卓爾金年與其他兩種曆法或許有著類似的本質，都是用來計算星辰運行的週期，只是地球年是計算地球運行的週期，金星年則是計算金星運行的週期。按照這個邏輯，卓爾金年一定是計算卓爾金星的運行週期。奇怪的是太陽系裡根本找不到繞太陽運行一周為 260 天的行星，九大行星裡根本沒有卓爾金星！

按照天文學的推算，如果真有一顆週期為 260 天的行星，它的軌道應該會落在今日的金星和地球

之間。那麼假如卓爾金星真的存在的話，它到底是在哪一段時間內存在的呢？天文學研究發現，在金星與地球之間雖然沒有任何星體，但卻真的存在一條隕石帶，它是由無數大大小小的隕石所構成。現今落入地球大氣層的隕石，大多數都是來自這條隕石帶。

這個發現給了天文學家很大的啓發，他們由此推測，在很久很久以前，太陽系裡確實存在過一顆週期爲 260 天的行星，其位置正好處於金星與地球之間，有人稱它爲卓爾金星，也有人直接把它稱爲馬雅星。或許，這顆行星發生了大爆炸，現今觀測到的隕石帶就是爆炸後形成的殘骸。

基於此項假設進一步推論出這個說法：卓爾金星曾經是一個自然條件良好的星球，河流中流動著水，高山與平原上到處都是植物和動物。這方水土孕育出高智慧物種，他們就是馬雅人。在卓爾金星爆炸前，馬雅人已經有了相當程度的文明發展，甚至超出地球現有的文明，甚至或許已經有能力進行長距離的星際旅行。最後也許是因爲大自然的循

環或是人為因素，卓爾金星發生星球大爆炸。爆炸前夕，馬雅人開始疏散到其他星球，有一部分馬雅人來到了地球。但是，地球與卓爾金星的自然條件畢竟不同，對馬雅人具有相當程度的危害。儘管他們採取了許多措施，可是地球環境裡存在的各種病毒以及新的重力條件，最終還是導致災難降臨到他們身上。馬雅人開始退化，最後再也無法傳承自己的文明。

由於馬雅文明消失的相當突然，解讀馬雅文化的鑰匙又被西班牙人一把火燒得乾乾淨淨，卓爾金星也就此成了無解之謎。太陽系裡是否曾經存在過卓爾金星？馬雅人為什麼要發明 260 天紀年法？十三個月的劃分法究竟有什麼特殊的意義？也許我們永遠也不會知道了。

然而，八〇年代的考古學似乎又勾起了人們無限的遐想，因為人們在馬雅人生活過的地方挖出了新的人種化石，根據化石復原結果，研究學者發現其中明顯的差異在其鼻樑構造。人類的鼻樑都是凹進去的，可是這種人的鼻樑卻是隆起的，從前額

到鼻尖形成一條直線。古生物學家將這種人劃歸爲
「已滅絕的古猿類」。

　　這項發現使我們想起古代埃及壁畫中的神人，
他們也是這樣的長相。從地域上來看，埃及與美洲
之間，東隔太平洋，西隔大西洋。在那遙遠的古代，
雙方不可能有任何的往來，那麼這兩處同樣長相的
人之間又是什麼關係呢？由埃及人描繪出來的神
像，爲什麼會出現在大洋彼岸呢？這似乎只有一種
解釋，那就是，古埃及人與馬雅人見到的是同一種
鼻樑高聳的種族。也就是說，當時地球上確實存在
過這個人種，而他們與馬雅人及卓爾金年的關係，
目前尚不清楚。

　　其他如四川地區出土的三星堆文化中，也有一些巨大的青銅面具，這些「三星堆人」高鼻闊目、顴面突出、闊嘴大耳、脖子細長，怎麼看也不像中國人，甚至不像西方人。連動物肖像也很奇怪，兩眼向前突出，緊盯著每一個見到它的人，目光中似乎有著那麼一絲的嘲諷。面對這些發現，我們同樣完全沒有頭緒，不明白五千多年前的三星堆人為何要塑造這些歷史上從未出現過的人和動物。

　　不管怎麼說，卓爾金星不見了，只留下了一條隕石帶。許多神話故事都提過神毀滅了人類好幾次，或許這樣的災難不見得都發生在地球上吧。

THE MAYA's FORTUNE el ing

The Prophecy Of Doom.
According to 2012 catastrophe theory, the end of humanity arrives...

破譯馬雅文字

象形文字，寫意眾生

他們有自己的文字，自己的著作，利用象形文字排列組合出上萬個詞彙，譜寫出他們特有的生活旋律。

馬雅文字的先驅者

　　當馬雅文明剛剛為世人發現的時候，人們對於馬雅人的智力水準有著不同的看法。當時世人尚未深入研究馬雅文化，人們所知甚少，於是有人直覺認為馬雅人非常迷信，習慣將一切都歸結於宿命，全然依靠祭司向神祇求得指引。從他們凶殘地用人來祭祀並以此為樂看來，馬雅人應該是野蠻而愚昧的，尚未完全進化，因此他們所取得的研究成果一定也只是偶然的巧合。

　　但是隨著對馬雅文化的研究愈深，尤其在人們發現並破譯了一部分的馬雅象形文字之後，認為馬雅人屬於尚未完全進化物種的聲音就越來越小了。

　　文字的創造可以大致反映出該民族的文明程度。馬雅文字是美洲馬雅民族在公元前後創造的象

形文字，這些象形文字大約在五世紀中葉時盛行於美洲大陸。馬雅人是美洲唯一留下文字記錄的民族，也就是馬雅文明的創造者。他們所創造的象形文字，是世界上最早的五種文字之一。在蒂卡爾出土的第一塊記載著日期的石碑大約等於公元二九二年，當時馬雅文字剛剛創造出來，只流傳於貝登到蒂卡爾附近的小範圍地區，大約到了五世紀中葉，馬雅文字才普及到整個馬雅地區。當時的商業交易路線已經確立，馬雅文字就是循著這條路線傳播到各地。

　　無論如何，美洲三大文明之中，馬雅似乎是最進步的。印加族只會「結繩記事」，阿茲特克文字則更像是圖像的自行創作，並不懂得結合書寫符號。如果說文字的發明和使用是一個文明高度發展的標誌，那麼馬雅人就是新大陸上最文明、最富智慧的民族了。

　　十六世紀中葉，西班牙殖民主義者順著哥倫布的足跡踏上中美洲土地來到了馬雅部落，馬雅人委派通譯者佳覺，向西班牙第一任主教蘭達介紹自己的文明。蘭達被馬雅典籍所記載的事情嚇壞了，他認為這是「魔鬼的勾當」，於是下令全部焚毀，並且將那些通曉魔鬼語言的祭司也全部燒死。歷經這番浩劫之後，馬雅民族一夜之間全部失去蹤影，他們留下的燦爛文化也隨之成了啞謎。

　　三百年後，年輕的美國外交官斯蒂文寫了一本《旅行紀實——中美加帕斯和猶加敦半島》激起了人們研究馬雅文化的熱潮。於是不少人開始致力於研究十六世紀時期遭到西班牙人迫害之後浩劫餘存的四部馬雅典籍和石碑、壁畫。然而，馬雅文字

實在太古怪太難懂了。數百年來，這四部像天書一樣的馬雅典籍，吸引著無數想要揭開馬雅神祕面紗的學者，可惜他們都只能望之興嘆。直至第二次世界大戰以後，為了研究馬雅文化，美國和蘇聯都投入了大量的人力物力，甚至使用了當時最先進的電腦。即使如此，據說也僅能辨識出其中的三分之一。

到了二十世紀中葉，研究人員逐漸為馬雅人塑造出一個雛形。他們發現這個集數學家、天文學家和祭司於一身，並相信哲理的民族，對於計算時間的流逝和觀察星相特別有成就。許多考古學家相信，那些正處於破譯過程之中的馬雅雕刻文字，一定與曆法、天文和宗教有關係。

一位俄國學者余里‧羅索夫於五○年代期間採用了一種全新的方式來研究馬雅文字，引起馬雅研究領域的大革命。羅索夫提出的觀點是：馬雅文字其實和古埃及、中國的文字一樣，是象形文字和聲音的合體。換句話說，馬雅的象形文字不僅代表了一個整體概念，每個字也都有其發音。

　　一九六六年，有人根據已破解的馬雅文字，試譯基里瓜山頂上的一塊馬雅石碑。出乎意料的是，石碑上刻的竟是一部編年史。據透露，編年史中記載著發生於九千萬年前，甚至四萬萬年前的事情。可是四萬萬年前，地球還處在中生代，根本沒有人類生存過的證據啊。如此說來也就難怪那些歐洲的宗教狂熱者會認為通譯佳覺所介紹的馬雅文明是「魔鬼」了。

　　馬雅的文字是現今高科技都解不開的謎，他們的歷史甚至要上溯到四萬萬年以前。可見，他們絕不是一個落後的民族，他們的文化水準在當時的世界，也是首屈一指的。

象形文字的發展

　　提起象形文字，我們最熟悉的當然是老祖先留給我們的方塊字，它是華夏民族智慧的結晶，是老祖先們為了傳承而創造出來的記錄方式，也是世界上最早的文字。象形文字來自於圖畫，老祖先將圖象簡化取其象徵，這是最原始的造字方法，但很容易受限，因為有些事物是畫不出來的。因此，漢字有了象形字的基礎後，增加了其他的造字方法，發展成表意文字。例如會意、指示、形聲。然而，這些新的造字法，仍須建立在原有的象形文字上。也就是以象形文字作基礎，拼合或增刪象徵性符號而成。

　　馬雅文字的發展也遵循著這個規則。馬雅人是重視歷史的民族，他們記錄歷史的方式不是結繩

記事，也不是口頭上代代相傳，他們需要一種長久有效的方式來記錄世世代代發生的一切，這個需要促使了象形文字的產生。他們使用獨特的象形文字——馬雅文來記錄歷史。但是由於西班牙殖民者對馬雅文化的迫害，馬雅文字古籍遭到焚毀，現存的馬雅象形文字多半是刻在石碑、廟宇、墓室的牆壁上，或是雕在玉器和貝殼上。科潘遺址一座金字塔的台階上，就有兩千五百多塊刻著象形文字的方石，這就是世界巨型銘刻之一「象形文字梯道」，石階上佈滿了各種古怪而精美的象形文字。此外也有用毛髮製成的毛筆書寫在陶器上，或以榕樹的內層皮和鞣制過的鹿皮為紙進行書寫。蘸取的顏料也是馬雅人自己製作的，包括白、紅、藍、黃、咖啡等幾種色彩。

目前發現的馬雅文約有兩百七十個符號，常用的有一百七十幾個。其中雖有表示整個詞義的「意符」，但大多數符號是只表聲音而沒有意義的「音符」。

音符分為：

一、元音的音素符號（V型）；

二、元音和輔音的音節符號（VC型）

三、輔音加元音或只表輔音的音節音素符號
（CV或C型）

四、輔音加元音加輔音的音節符號（CVC型）

五、還有少數只有辨別功能的「定符」，也
就是專有名詞。

馬雅文中，有些用字的規律與漢字不同：

一、漢字大多是開音節，而在馬雅文中有許
多閉音節的字。也因此漢字讀音的數量少很多，古
時候雖有一些以「m」結尾的字，例如「金」讀作
「kim」，是以聲母「m」結尾的，但在現代漢語普
通話中，已經沒有這一類閉音節的字了（在方言中
尚保留了這類語彙）。而在馬雅文字中，有許多閉
音節的字（字素、字符），因此增加了馬雅字讀音
的數量，這點是與漢語不同的。

漢字是單音節的字，而馬雅文字既有單音節，
也有多音節。漢字一個字對應一個音，即使是外來
的多音節文字，例如葡萄、琉璃、盤尼西林，也是

將每個音節對應一個單獨的字。我們在說葡萄、盤尼西林時，必須要連綴在一起使用才能表達。但在馬雅文字中，常常有多音節的字，他們用的是一個組合的圖畫來表示。

　　在馬雅文字中，人、神和動物，常常有全身的符號和頭部的符號兩種不同表示方法，這就類似我們有繁體字和簡體字兩種寫法一樣，只不過這種構字方式與漢字不同。當時的馬雅社會已出現了紙張和成書抄本，再加上玉器、陶器和日常用品中皆

普遍有文字書寫的情況，可見象形文字儘管比較艱深，卻已成爲馬雅社會中不可或缺的信息工具，它的複雜美麗與它的廣泛使用，都成爲馬雅文化生活中的一大特色。這正是馬雅人對世界文明最偉大的貢獻之一。

馬雅符號的外形雖然很像小小的圖畫，但實際上的象徵作用早已喪失，馬雅文發展到最後成爲一種音節文字。目前發現使用這種文字的馬雅銘文最早始於公元三二八年，一直應用到十六世紀，期間長達一千五百年以上，最後因西班牙的入侵而終至遺忘。現存的四本抄本爲：馬德里抄本、巴黎抄本、德雷斯頓抄本，格羅里那抄本。除此之外還有不少石柱碑銘和古器物銘文。

二次世界大戰之後，馬雅文大量被譯讀出來，美洲自創的古文字重新放出光明。在西班牙佔領期間，用西班牙字母記錄的馬雅傳說也有《先知集》等書被留傳下來。

當年由馬雅祭司負責秘密記錄並講授的內容，在外族強權的蠻力逼迫之下，成爲永遠的秘密。

當年馬雅人心目中神聖超凡的宗教，在今天的文化研究者眼中，正好成爲解開馬雅文化之謎的關鍵鑰匙。

　　歷史既然是由這麼多偶然所組成，就算重新再發展一次，也未必是現在的格局。當年的祭司精心構建並維護馬雅文化的神，今天的研究者則費盡心機想抓住馬雅文化的魂。這些文化的製謎者和解謎者，誰能真正訴說這些歷史的偶然？

象形文字的構成

　　馬雅文字是象形文字和聲音的結合體，馬雅雕刻文字既代表一個整體概念，又有各自獨特的發音。這就類似日語中的漢字與假名，如馬雅文中的「盾」(bakalu) 既可以寫成一個表意的象形單字，也可以分成三個表音文字「ba」，「ka」，「lu」。馬雅象形文字的發展水平與中國的象形文字相當，只是符號的組合遠較漢字複雜，塊體近似圓形或橢圓。字符的線條也依隨圖形起伏變化、圓潤流暢。

　　馬雅文字字符中，較大的部分叫做主字，較小的部分叫做接字。字體有「幾何體」和「頭字體」兩種。另外還有將人、動物、神的圖案相結合組成的「全身體」，主要用於曆法。馬雅文字的讀法為，從上至下，兩行一組，以「左→右→（下一段）左

→右」的順序讀。每個字都有四個音節,文字呈方塊圖形,類似於我們常用的印章。圖形上,一部分是意符,一部分是音符,屬「意音文字」。馬雅文字艱深晦澀,至今能譯解的不足三分之一。

它的體系十分奔放,無論是元輔音字母、時態變化還是主謂句式結構都很隨機。語言基本元素在整個句子中瘋狂地跳躍、擺動,整個結構幾乎沒有規則。語法按照太陽曆變動,太陽曆一共有十八個月,換言之,還要將上述語法的混亂程度再乘以十八倍。

馬雅文字是少數迄今為止尚未獲得全部破譯的古代文字之一。象形文字主要記錄的是年代數字和紀事文字,目的不是為了昭示戒律或歌功頌德,而是紀年。考古學家發現迄今為止馬雅文明最早的紀年是公元二九二年,文字中含有固定的時間相隔,大約五十六～六十四年。馬雅文字裡寫的不是宗教,而是歷史。記錄下來的是皇族人員的誕生、統治、死亡及戰爭。

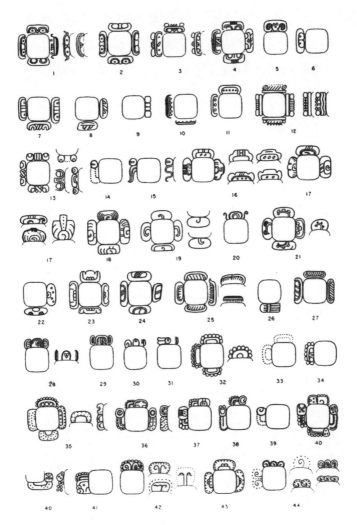

117

　　要識別馬雅文字，同為使用象形文字的中國人可以從漢語文字的構成得到啟發。與印歐民族使用的拼音文字不同點在於，馬雅不是用字母來拼寫自己的文字，而是用不同的字符來代表文字的音節，故稱之為音節文字。

　　象形字符與抽像字符的本源是來自象形，故而在馬雅文字中，一般刻在石頭上的馬雅字採用的大多為象形文字（反映早期的文字），而書寫在抄本上的，則大多採用抽象的字符（反映後期的文字）。

象形文字梯道

　　馬雅人的象形文字記載了馬雅人的宗教神話、禱文、歷史、天文、曆法等。馬雅人利用樹皮、鹿皮寫下文字。而且象形文字在很多方面和我們的漢字也有著異曲同工之處。聰明的馬雅人也用毛髮製筆，用樹皮製紙，他們沒有墨水，不過有自製染料。

　　科潘是馬雅象形文字記載最多的地區，它的紀念碑和建築物上的象形文字符號書寫最美、刻製最精、字數最多，記載著重大事件的發生日期和科潘王朝的歷史。在科潘遺址中有一條梯道，用兩千五百多塊加工過的方石砌成，這是一座紀念性的建築物，梯道建在山坡上，直通山頂的祭壇，兩側各刻著一條花斑巨蟒，蟒尾在山丘頂部。梯道的每塊方磚上都刻著象形文字，每個象形文字四周均雕

有花紋，它是馬雅象形文字最長的銘刻，也是世界少見的名貴文物之一，被稱爲「象形文字梯道」。

在這裡我們不得不說一下科潘這座城市在古代馬雅社會中的地位。科潘馬雅古跡遺址位於宏都拉斯西部邊境，遺址面積佔地數十平方公里，一九八○年入選《世界遺產名錄》。科潘屬於馬雅文明古典期（公元二五○至九百年），爲馬雅文明最盛時期。金字塔式寺廟非常精美，台頂神殿有大量浮雕。科潘是馬雅文化的學術中心，不少建築遺址都與天文、曆法等學術活動有關。科潘馬雅遺址是馬雅文明最重要的地區之一，有著宏大的建築和豐富的象形文字，是極少數起源於熱帶叢林的文明。從這些建築看得出科潘的馬雅人有著高度發展的經濟和文化。

科潘除了是馬雅文化最發達的地區以外，其經濟與政治實力也遠遠超過其他城邦，僅次於蒂卡爾。若就文化上來看，則完全可以和蒂卡爾並肩而立，甚至有過之而無不及。有學者認爲科潘所代表的重要意義絕不在蒂卡爾之下，它們如雙峰並立，

是馬雅文明的兩座燈塔。確實，從考古發掘出的城市遺址來看，科潘在規模上可能略遜於蒂卡爾，但其美麗卻更勝之。據記載公元八〇五年以後，馬雅人突然棄科潘城北遷，科潘城隨之變爲一片廢墟。就這樣，科潘古城留下的大量馬雅古象形文字，成了我們研究馬雅文化和馬雅人神秘消失的最好資料。

　　金字塔壇廟與象形文字的結合，清楚表明其宗教的性質。四部存世抄本上的象形文字，無疑也

是以宗教爲主的用途。尤其值得注意的是，這種象形文字幾乎像是無中生有一般，從石頭縫裡蹦出來似的。我們只能看到它一貫成熟的文字符號，不像其他古老民族的文字，有著從簡到繁的發展軌跡。比如漢字達到目前的方塊形態之前，經歷過許多不成熟不確定甚至簡陋的形態，如甲骨文、金文以及半坡陶器上的刻畫紋。

　　戴維・迪林格指出：「馬雅文字，在被我們發現時已經非常成熟，因而可以推想，它必然有過一段我們至今仍無從知曉的進化過程。」

馬雅文化的苦難

　　西方人被馬雅人「驚世駭俗、離經叛道」的
高深見識嚇得歇斯底里，就在他們口口聲聲指責馬
雅經書為「魔鬼勾當」時，自己才真的做了「魔鬼
勾當」，而這回卻是馬雅人被他們的所作所為驚呆
了。

　　也許是馬雅習俗中殘忍的人祭令歐洲人感到
恐懼。一五六二年，西班牙殖民者隨軍主教蘭達為
了徹底消滅馬雅人的信仰，藉著傳播上帝福音之
名，在馬雅文化遭到摧殘四十年後，再度野蠻地下
令燒毀所有的馬雅文獻，以象形文字記載下來的馬
雅歷史、文化、科學、哲學從此全部成了灰燼。更
令人髮指的是，這位打著上帝旗幟的主教，把歐洲
中世紀最可怕的火刑柱移入了「新大陸」。難以計

數的馬雅祭司就這樣慘死在熊熊烈焰之中，只有他們才通曉的馬雅文明成就，至此飛灰煙滅。蘭達主教的所作所為，比之中國背了兩千年罵名的秦始皇「焚書坑儒」不知還要惡劣多少倍。遭到燒毀的，是人類數千年以來在西半球最光彩奪目的文明火花。

成千冊的馬雅文化典籍被西班牙宗教狂熱者付之一炬，這種狹隘與偏執暴露了西方文化最不光彩的一面。當馬雅人好意將自己文化經典中的寶貴內容介紹給大洋彼岸的來客時，他們萬萬沒想到自以為聖明的天主教徒原來對基本常識的認知還非常

膚淺。

　　馬雅經書中不僅記載著精確的曆法，還記載著不止一次的大洪水，人類的歷史可以上溯到洪水前數十萬年，這與《聖經·創世紀》中關於洪水的說法如出一轍。馬雅人對行星運行軌道的深刻理解，遠勝過與上帝創世相關的地心說。一六○○年時，義大利哲學家布魯諾甚至被指為宗教異端，燒死在羅馬繁花廣場，這也難怪一五六二年會出現這位燒毀馬雅經書的蘭達主教了。

　　劫後餘生的馬雅經文雖然少得可憐，但所幸沒有全數覆滅，如今我們還能有幸一睹古馬雅經卷的風采。倖存的馬雅經文有四部，分別根據收藏地點或發現者來命名：

　　《德雷斯頓手稿》：一七三九年，由德雷斯頓王家圖書館從私人手中購得，其後輾轉易主的經歷想必很複雜。這部抄本直到一百年後才公開面世，共三十九頁，各頁相連好似折疊的屏風。內容涉及預言、新年儀式、金星運行規律、日蝕週期表以及天神伊扎姆納的生活圖像等等。

《巴黎抄本》：一八三二年被收藏在巴黎國家圖書館，此後一直默默無聞，直到一八五九年才被最早研究馬雅文化的學者之一奧‧戴波尼注意到，一八七二年首次公佈。

《馬德里抄本》：曾經被分爲兩部，於一八八八年重組。

《格羅里那抄本》：僅餘十一頁，這部手稿本來被收藏在美國紐約私人收藏館，直到一九七三年方由美國考古學家德‧考爾公之於眾。

抄本，顧名思義，這些經書並不是馬雅最早文獻的原件，而是祭司們在數百年中陸續抄錄繪寫的複製品。馬雅人的紙張當然經不起五百年的考驗，所以複製經文也是自然而然的事情。考古不只能從紙張材質上鑒定歷史的遠近，也可從抄本上反映出馬雅人對古老觀念和傳統的虔誠。這幾部僅存的抄本，相較於曾經存在過的經書儘管只佔了很小的比例，卻已經爲我們窺望馬雅智慧開啓了一扇美妙的窗。其中記錄了馬雅人農業生產和漁獵等經濟生活內容，也有關於社會各階層人民的生活制度、

服裝、飾物的規定，關於婚喪喜慶時祭神儀典的記載，還有遷徙和建築動工的儀式活動，更有關於兒童教育以及社會管理制度，祭司、武士、工匠、商人、醫生、巫婆等社會人士的活動。

　　這還僅僅是我們今日能夠解讀的部分而已，可見得那些不為我們所知的馬雅智慧成就之高。在與馬雅文化相關的著作中，常常出現 esoteric 這樣的形容詞，表示馬雅人的宗教觀念、學問知識大都處於「秘傳」的狀態。馬雅文化宏大精深，天書一般的象形文字本非外人所能瞭解，其書寫與刻畫的繁複程度又豈是一般人有能力學習的呢。

文字竟是奢侈品

　　從文化演進的角度來研究，馬雅文化的精妙絕倫，卻正是造成他們毀滅的重大原因。馬雅人陶醉在他們天書般美麗的文字之中，沒能早些開始發展簡樸的書寫方式——就像中國人、歐洲人那樣發展出更加貼近世俗生活需要的文字符號。於是，馬雅的精妙完美，終於成了自己的障礙，以至於在西班牙迫害之下，被逼到山窮水盡的地步。

　　除了文字必須秘傳之外，馬雅人一切值得驕傲的知識都是秘傳的，只能由少數人掌握，由少數人傳承。這些人就是馬雅祭司。上層社會人士，比如貴族和祭司們，把他們的子弟送入隔離的祭司學校，學習那些秘傳的東西。在權貴家庭中，通常父親的權利和地位會由長子繼承，其他兒子同樣很小

就會入學，經過秘傳成為新一代祭司。

　　馬雅人的數學算術，從發明「零」符號到大型工程的建築設計，都由少數祭司掌握。高深精密的天文星象學，理所當然也是祭司們的專長。他們的管轄範圍從與神靈對話，到制訂曆法、安排農事和其他一切社會生活都有，所以他們必須具備秘傳的通天本領。從現代人的角度來看，即便資訊更迭日新月異，高等教育越來越普及，但大部分人涉及的都只是社會常識而已，真正精深的學問還是屬於少數人的探究重點。

　　人類群體之中，必需有一部分成員具備探究

形而上議題的能力，這乃是文明進步的必要條件，他們甚至可以說是文明本身。馬雅人藉著貴族、祭司、平民、奴隸這樣的社會階級劃分，將少數人分別開來專職密授知識，達到那麼高深的文明，演奏出自己的樂章

然而，文明的悲劇埋下過太多種子，或許在人類坎坷的歷史上，曾經遭到扼殺的文明太多太多，因此早就遺忘早就蕩然，以致沒有絲毫的痛心追悔。好比覆蓋電腦檔案一般，抹滅曾經的遺跡而不自知。世界上每天都有物種在悄然滅絕，這點早已引起生態學家的憂傷。世界文化演變融合而成現今幾大流派，不知其中有多少美妙的文明支系早已消逝。以中國大陸為例，在遼西、內蒙草原上疊築圓形三重卵石祭壇的古文明群體，早已不知流落何方？而三千多年前熔塑出青銅人像的三星堆古蜀先民，藝術成就堪與希臘媲美，其血脈又如何與我們的民族性情融合？遠去了的故事，淡化了的特性，融合統一的感覺，使一切顯得自然而然。

但是，馬雅文明的凋零，卻是公元一千五百

年之後的近代史而已，於是乎它成了引人關注、令人感懷的悲劇主角。人們很快找到馬雅文化敗落的悲劇性原因：它直接受害於西班牙殖民者，也間接受害於文化機制上的「秘傳」體系。

馬雅人的「秘傳」體制大致分為四個群體。而且這些群體的內聚性很強，馬雅社會為了維護這種文化階級的分野，於是對各群體的血統、職責、規矩訂立明確的規定。保障位高者的權勢，杜絕位卑者的僭越。這四個群體是貴族、祭司、平民和奴隸。

貴族包括王，即真人，還有管理村鎮事務的村鎮首領，以及其餘較低階的頭目。他們雖然是由真人指定的，但基本上都來自世襲的貴族體系。almehenob 這個詞在馬雅語中的意思是「有父有母的人」，他們被認為是天生的領袖。他們在真人面前接受問話，傳承象徵權柄的憑證之後，就返回各自的村鎮行使司法權和行政權。在戰爭期間，他們就是該村鎮戰鬥力的組織者，不僅身為總指揮，他們還要服從軍事首領。若是和平時期，他們就負責

監督當地百姓的農事活動，並且逐年向真人進貢財物。

次一級的特權階層多半是鎮中長老，一般有兩到三位。他們是顧問，參與決定地方政策。他們本身又是鎮中次一級行政單位的頭目，相當於執行者，除了協助首領的工作，也當他的助手和傳遞口諭。鎮中長老的職責較多，既是首領與村民的橋樑，又是外交事務方面的顧問。他們還是公共議事廳的負責人，身兼村鎮中的首席歌唱家和舞蹈家，監督轄區所有的歌舞和道具。

祭司階層在血統上和貴族息息相關。祭司也可娶妻生子，而且子承父位。除此之外，貴族階層也經常有人轉而成為祭司。

馬雅人規定，貴族長子繼承父位，幼子則可以選擇成為祭司。所以，祭司們向王室成員授業時經常會在幼子中挑選，如果發現具有成為祭司稟賦的小孩，就開始培養他當祭司。

祭司的地位雖不比首領高，但至少他們在馬雅社會裡的影響力不亞於貴族。貴族階層各級首領

對祭司一向表現出相當程度的尊敬，定期都會向他們進貢。由於祭司手中掌握著馬雅文明的鑰匙，負責指導農事生產，占卜政事吉凶。所以真人經常向他們求教，祭司則盡可能用他們的知識找出最佳答案。說實話，馬雅城區中的建築，除了部分宮殿之外，大部分都是在祭司的掌握之中。祭司這個特權階層雖然游離於生產活動之外，卻直接掌握著社會命脈。

平民是指數量眾多的普通農業生產者。他們用血汗養活自己，並供養最高首領真人、地方首領，以及祭司階層。他們是那些宏偉的道場、金字塔神廟、大型柱廊、宮殿、高台等等的真正建造者，是他們採集並雕刻了大量巨石，構建出這些建築，是他們用石斧砍下無數大樹作為柴火，將石灰石燒製成灰漿所需的石灰，或將硬木加工成雕樑畫棟。他們是泥瓦匠、石匠，也是搬運工、建築工。

這些平民除了必須向真人進貢，向村、鎮長獻禮，還要通過祭司向神進獻。這些貢品加在一起，數量非常龐大。種類擴及他們能夠生產、製造、獵

取、搜集到的一切。他們住在郊外，人數眾多，但卻必須為城裡少數的貴族和祭司承擔所有的勞作。

奴隸，處在社會最低層。奴隸制是馬雅後古典時期才產生的現象，但許多學者根據石碑、壁畫等資料，認為不能排除從古典時期就有奴隸的解釋。戰俘除了充做人祭以外，就經常淪為奴隸。在戰爭、人祭、苦役、買賣人口被視為正常的文化中，人們有很多理由草菅人命或濫用人力，這種情況下，奴隸的命運可想而知。

由此我們不難看出，文字對於馬雅人來說是上層人士才有資格接觸的高級知識，底層的勞動階層是不可能接觸得到的。上層的貴族也認為低賤的人不可以褻瀆神聖的文字，所以在馬雅社會中，想要讓文字普及幾乎是不可能的，這也是為什麼現在美洲僅存的馬雅人後代也無法理解那些古老文字的原因。

不可不讀的馬雅古文篇章

　　在中美洲的熱帶叢林中靜躺了上千年、曾被謠傳爲是「外星語言」的馬雅古文字，經過幾代學者的辛勤努力，終於獲得破譯其中一部分。一個個神奇古怪又韻味十足的字符，就好像一把把開啓古代世界的鑰匙，引領著我們步入一個神王統治的遙遠過去。我們若要想更深一步的瞭解馬雅文明，就必須讀一讀這幾篇馬雅古文。這些譯出的古文依照所刻錄的物品名稱命名，如：雨神播種圖文、粥碗銘文、綠鳥鸚鵡王祭台銘文、陶碗銘文、帕倫克九十六字碑銘文、黑石城三號碑銘文、蒂卡爾五號祭台銘文、骨錐銘文、托土格羅木盒刻字和雅西曲朗二十四號門框刻字。

　　雨神播種圖文中記載：馬雅人以玉米爲主食，

並自稱是「玉米人」。

每到耕種的季節，他們便從祭司處獲知降雨日期，以便播種玉米。這篇古文是《雨米播種圖》旁的一段配文。圖意是感謝雨神將甘霖降至人間，讓他們可以播種玉米，讓他們可以不用挨餓。他們歌頌神靈，歌頌上蒼賜予富足的生活，同時也祈求神靈一如既往的保佑他們。文中描寫當時馬雅人的勞動場景：他們用手拔去荒草，用木棍掘出小坑，將玉米種子播種下去。這篇文章主要表達他們對雨神和玉米神的敬仰。

綠鳥鸚鵡王祭台銘文是寫在祭台上的文章，反應了當時馬雅人祭祀的過程。他們的國王登上人祭壇，在祭司的指引下，莊重的將貢品擺放到祭台上。他們虔誠地匍匐在神的腳下，執起石頭製成的利器割破身上的肌膚，懇請神靈收下他們卑微的鮮血。鮮血流出身體，他們認為這是神喜歡他們的貢品，只要神能聽到了他們的祈禱，這種喜悅就足以沖淡肉體的痛楚。被用作貢品的活人抬上祭壇的時候，他們的情緒空前高漲。在他們看來，這是神最

喜歡的禮物，是他們與神的交易。他們將生命供奉給神，神就會賜福給他們。

粥碗銘文上的篇幅相對較少，上面的文字大意和古中國銘文很像，都是吉祥祝福的話語。可見無論哪個民族對幸福安康都很嚮往。

餘下幾篇已被譯解的馬雅古文，內容也都與馬雅人的祭司、奉祖、日常生活、生產勞動和娛樂息息相關，這裡就不一一贅述了。

我們將馬雅文化與其他美洲文化相比較，希望在找出馬雅文明偉大之處的同時，將馬雅人從神話傳說的主角還原為新世界中現實存在過的民族。馬雅人在物質文化、精神文化領域中的偉大成就，尤其是勝過古埃及、古巴比倫的天文學成就。他們刀耕火種的農業生產水準，以及那些充滿新石器特徵的工具，確實如他們留下的那些石城一樣，恢宏而且精美！

對馬雅知之愈深，我們就愈是熱衷那些不同於我們文化傳統的精妙。馬雅人的文化，他們的哲學，他們的世界觀、時間和空間、物理世界和超自

然宇宙，都是連續的。也就是說他們把現實與非現實都看成一個整體的各個不同面向。馬雅人認定的「現實」包括了我們認為「非現實」的部分。竟然有個民族發明了一個與我們自己的體系完全不同，但又似乎相同甚至更為深奧的信仰體系，這真是一件非常困難的智慧工程！但他們做到了。

除了浪漫神奇的魅力之外，如果馬雅民族還有什麼值得我們關注的地方，就是複雜精緻的文化力量。比起淺薄的神秘感，它所能提供的是智力上更為強勁的刺激。馬雅文明有其自身與眾不同的風格、體制、結構和發展史，它們自成一格，自足而圓滿。僅僅闡述馬雅文明這項簡單的考察，也已經有助於改善我們對自己和其他文化的理解。

直到今天，我們對中美洲這個悠久燦爛的馬雅文明理解依然極為有限。儘管專家們已經把數萬座金字塔記錄在案，一百多個城市遺址已然出土，但是，對於這地形複雜、叢林深幽的幾十萬平方公里文化空間來說，可能還僅是淺井初嚐而已。即使是充分研究過的地點，人們的眼光總是過分專注於那

些最宏大引人的所在。考古發掘專家和文化學者還有相當長的一段路要走。在最終破解馬雅之謎前，它的浪漫與神奇還將陪伴著我們。甚至可以說，等到真正揭開它神秘的面紗之時，馬雅文化將可能向人們展示更加耀眼奪目、驚心動魄的人類智慧之光！

應驗的預言與宇宙神祕事件

四大文明的消失與宇宙的祕密

近代記錄在案的神祕消失事件，是否正逐步演示著馬雅預言中的諄諄告誡。

馬雅人難道是神的化身？

依照馬雅曆法，地球由始到終分為五個太陽紀，分別代表五次浩劫，其中四個浩劫已經過去。當第五個太陽紀結束時，太陽會消失，大地劇烈搖晃，災難四起，地球會徹底毀滅。浩劫來臨時間換算為西元便是二○一二年十二月二十一日。很多民族都有末日預言，為何馬雅人的末日預言卻獨獨受到人們重視呢？

哥倫布發現美洲新世界時，印第安人早已在這片土地上生活了千萬年。當西班牙入侵者自稱把文明傳播給這些「野蠻人」時，他們同時卻摧毀了這裡長期苦心建立起來的文化，並且殘殺、奴役這些創造了燦爛文明的印第安人後裔。在西班牙人眼裡，馬雅人和其他美洲民族一樣，都是篤信邪教的

魔鬼。他們用外來文化的眼光獨斷獨行，因自負而歪曲醜化了馬雅的文明智慧——過度的文化內聚力和自我肯定，總是容易導致戕害其他文化的行為表現。

　　馬雅人雖不擁有現代的科學技術，但他們對天文及數學的精通令人嘆為觀止。此外，還有很多令人猜不透的謎：他們有發達的道路系統但卻不使用輪子，所以他們不需要役使牛馬，但他們其實完全有能力使用牲畜。並且證據顯示，他們其實是知道輪子的，因為他們會用輪子為小孩子做玩具，但他們卻為什麼不願意用輪子作為一種工具？

　　馬雅建築規模龐大，設計複雜，裝飾精美。這方面，其他文化幾乎無法與之爭勝。至於馬雅人的繪畫又是另一個長處，可證之於壁畫、彩繪的陶器、象形文字手稿和圖譜，尤其是那樣不厭其煩、細心繪製的花瓶圖案。寶石加工更是馬雅人令其他文化相形見絀的另一優勢領域，諸如石水晶、黑曜岩等較硬石塊的切割和拋光。此外他們信手就可以把月亮背面的圖像刻在月亮神廟的門上當作裝飾。

研究學者一開始捉摸不透，等到證實這是月亮背面的圖像時，又更加百思不解了：他們怎麼能看到月亮的背面呢？月亮朝向地球的，永遠都是同一面啊！但是他們畫的卻是月亮背對著地球的那一面。這也許是他們曾經被賦予的特殊智慧吧。馬雅人在他們文明鼎盛之際不留痕跡地遁隱，後人費盡心機也猜不出其中的玄機。到底是因為絕望、逃脫，還是出於無奈？

　　馬雅曆法的計算非常準確，從馬雅人的曆法得知，他們早已知道地球公轉時間是三百六十五日又六小時二十四分二十秒，誤差非常之少。這些我們現代大多數人還得依靠計算機才能完成。他們對於其他星體的運行時間，亦計算得非常準確。在數學上，零這個數字早在三千年前馬雅人也已經使用。而且他們所繪製的航海圖，比現在都要精確。他們只是美洲的一個部落民族，難道竟曾經在海洋上航行過。

　　馬雅人說二〇一二年十二月二十一日黑夜降臨以後，十二月二十二日的黎明將永遠不會到來。他們預測世界毀滅的方式是——人類自殺，剩下的人自相殘殺。

　　馬雅曆法中的每一個太陽紀都是毀於天災，而後倖存下來的人將喪失某種能力，然後重新發展新的文明。當然，這些並不絕對。只是有一點，馬雅人所說的二〇一二年，地球將會發生重大的改變，這是肯定的。

　　根據馬雅人的長曆法，二〇一二年十二月

二十一日將是本次人類文明結束的日子。此後,人類將進入與本次文明毫無關係的另一個全新文明。馬雅人的語言裡並沒有提到是什麼原因致使本次文明終結,也沒有說明我們的下一個太陽紀是怎樣,我們都一樣茫然。

　　但是有一點看來很明確,這個終結日並不一定意味著大劫難的到來,也不會是人類種族的滅絕,而是在暗示全人類精神和意識上的轉變。人們會以更高的水準,重新創造、發展人類的第五個太陽紀,進入新的文明。

諾亞的洪水摧毀了超能力文明

　　人類三億年的歷史，就像河水流過掀起的氣泡一樣，無數的文明曾經誕生，然後又消失了。馬雅人推測地球上第一個太陽紀所對應的文明爲根達亞文明，也叫超能力文明。

　　根達亞大陸是距今九十六萬兩千年前海底火山爆發之後從海底隆起的大陸塊，現在聯結非洲和南美大陸的海域就是該陸塊以前所在的位置。其後在距今七十三萬五千年前，因大陸板塊大規模分裂移動，導致陸塊消失，出現了第二個大陸。根達亞大陸曾歷經四次的文明誕生，本文僅就其最後的文明來談，這個文明就是根達亞文明。根達亞文明的繁盛大約始於距今七十六萬年前，直到大陸消失爲止約持續了二萬五千年。根達亞文明如前面所述，

是以「超能力」爲中心的文明。

當時的人類身高，男性約二百一十公分，女性約一百八十公分，這是標準尺寸。最有趣的是男性擁有第三隻眼，位置正好在額頭的中央部分，也就是眉間之上二公分左右的位置有一隻如翡翠般綠色的圓眼。這第三隻眼平常都是閉著的，只有在發揮超能力時才打開。女性沒有第三隻眼，因此，女性對擁有第三隻眼超能力的男性都感到非常害怕，於是逐漸淪爲隸屬性的地位。

流傳於根達亞文明末期有一則神話指出：「神創造人類男女性別時是平等的，證據就是賜予男性第三隻眼以保護自身以及全族的安全，而賜予女性子宮以繁衍家族。」當時的女性子宮應該也是超能力的器官，因爲女性經由子宮這種超能力器官，得以與天上靈界通訊，並宿入嬰兒的靈。所以，即將成爲母親的女性，事前會和天上靈界中即將降生成爲嬰兒的靈魂充分交談，兩方都同意之後才把嬰兒宿入體內。

根達亞文明期間有八個民族侵入事件，爲了

競得盟主地位，人們必須努力防止外敵的侵襲。第三隻眼於是發展成為武器。

第三隻眼的色彩依各民族而異，有黃、綠、紫、黑、灰、褐等色，各民族的超能力發達程度也不一。不過，第三隻眼的主要力量，應該還是以精神力為主。然而，依民族的不同，有的是以預知能力為主。換句話說，他們會利用預知能力，防犯外敵攻擊於未然以保護家族。那個時代所有的修行似乎沒有所謂的「心」，主要致力於將超能力發揮於某方面，這個訓練才是所謂的修行方法。因此，這些人隨著根達亞大陸消失之後，創造了天上靈界的仙人界、天狗界、魔術界。

馬雅人認為，這個文明時代最終毀於一場大水。由於人類觸怒了天神，神決定用洪水湮滅世間的罪惡。但是信奉神、尊重神的人們還是得到了神的庇護，逃過了此劫。神話至此，竟與《聖經》諾亞方舟的故事如出一轍。

《聖經》中寫道：上帝看到人類的種種罪惡之後憤怒萬分，決定用洪水毀滅這個已經敗壞的世

界，只令諾亞留下有限的生靈。

　　上帝要求諾亞用柏木建造方舟，並把方舟的規格和造法傳授給諾亞。此後，諾亞一邊趕造方舟，一邊勸告世人悔改其行為。諾亞花了整整一百二十年的時間終於造成了一隻龐大的方舟，並聽從上帝的話，把全家八口搬了進去，各種飛禽走獸也一對對趕了過來，有條不紊地依序進入方舟。七天後，洪水自天而降，一連下了四十個晝夜，人群和動植物全部沒頂。除諾亞一家人以外，其他人都被洪水吞沒了，連世界最高的山峰都低於水面七米。

　　上帝顧念諾亞和方舟中的飛禽走獸，於是下令止雨興風，就這樣風吹著水面，水勢漸漸消退。諾亞方舟停靠在亞拉臘山邊。又過了幾十天，諾亞打開方舟的窗戶，放出一隻烏鴉去探聽消息，但烏鴉一去不回。諾亞又把一隻鴿子放出去，要它去看看地上的水退了沒有。因為遍地是水，鴿子找不到落腳之處，又飛回方舟。七天之後，諾亞又把鴿子放出去，直到黃昏時分，鴿子飛回來了，嘴裡銜著橄欖葉，很明顯是從樹上啄下來的。諾亞判斷，地上的水已經消退了。這就是後世人們用鴿子和橄欖枝來象徵和平的由來。

　　如今我們將馬雅人所說的洪水與《聖經》當中的洪水聯想在一起，兩個事件是如此的相像。這會是同一場洪水嗎？還是一場巧合？

龐大的飲食文明，
竟因風蛇肆虐而四散零落

　　根據馬雅預言，地球上的第二次文明是美索不達米亞文明。

　　美索不達米亞文明是根達亞文明逃亡者的延續。他們在洪水氾濫的時候幸運逃生，代價是他們必須遺忘過去。處於這個文明中的人們，記憶中關於上個文明的一切只有全然的空白，他們的超能力也漸漸消失了。在根達亞文明時期，男人有第三隻眼睛，可是到了美索不達米亞文明裡，男人的第三隻眼開始消失。在根達亞文明時期，女人的子宮具有通神的力量，可是在美索不達米亞文明中，她們再也沒有與神交流的能力。不過可能是上個文明時期對男人的畏懼感仍有存留，因此她們同樣會臣服

於男人，做男人的附屬。美索不達米亞文明的人們對飲食特別愛好，他們對製作和培育各色各樣的食物相當熱衷，於是便出現了很多飲食專家，所以又被稱爲飲食文明。

神賦予他們超凡的烹飪天賦，以補償這個文明紀人們失去的超能力。這個時期的人們醉心於烹飪美食和儲存食物。由於糧藏充足和營養豐富，使得這個文明紀的生活相對較爲安逸。如果日子可以這樣持續下去，世外桃源般的生活真可說是幸福美滿。試想，如果人可以不需爲了餬口四處奔波、辛勤勞作，沒有壓力，沒有殘酷的競爭，每天都有可口的美食，可以呼吸新鮮的空氣，頭上有藍藍的天空，身邊有蔥蘢的樹林，腳下有富饒的土地，這種生活多麼和諧。但是，現實卻總會有些出乎意料的發展，或者，這真的是人類罪惡的本性。

馬雅預言裡的超能力文明毀於洪水，與《聖經》中的諾亞方舟故事如出一轍。而飲食文明也與《聖經》中的伊甸園非常相似。《聖經》上是這樣寫的：

　　耶和華在東方的伊甸蓋了一座園子，把祂所造的人類安置在那裡。耶和華令各種各樣的樹木從土地裡生長出來，不僅悅人眼目，其上的果子也好作食物。伊甸園當中同時還種了生命樹，和分別善惡之樹。耶和華將人安置在伊甸園時，也命他維護看守園子。耶和華吩咐男人：「園中每顆樹上的果子，你都可以隨意吃，除了分別善惡之樹上的果子你不可吃，因為你吃的日子必定死。」

　　耶和華所造的萬物中，唯有蛇比一切的活物更狡猾。蛇對女人說：「神真的說過不許你們吃園中所有樹上的果子？」

　　女人對蛇說：「樹上的果子我們都可以吃，唯有那棵樹上的果子，神曾說：『你們不可吃，也不可摸，免得你們死』。」

　　蛇對女人說：「你們不一定會死，因為神知道你們吃了之後眼睛就明亮了，你們便如神般能分辨善惡。」

　　於是，女人見那棵樹上的果子不但漂亮，看起來也很好吃。既然能使人有智慧，那就摘下果子

來吃了，順便也替丈夫摘了一顆，她丈夫也吃了。吃完後他們二人的眼睛果然就明亮了，這才發現原來自己赤身露體，於是兩人摘下無花果樹的葉子編作裙子。

耶和華發現了人所做的一切之後對蛇說：「你既作了這事，就必受詛咒，比一切的牲畜野獸更甚。你必用肚子行走，終身吃土。」

又對女人說：「我必需增加妳懷胎的苦楚，妳生兒育女必多受苦楚。妳必戀慕妳丈夫，妳丈夫必管轄妳。」

又對亞當說：「你既聽從妻子的話，吃了我吩咐你不可吃的果子，土地必為你的緣故受詛咒。你必終身勞苦，才能從土地裡得到食物。土地將會長出荊棘和蒺藜，你也要吃田間的菜蔬。你必汗流滿面才得以溫飽，直到你歸了土。因為你是從土而出，你本是塵土，仍要歸於塵土。」

亞當為他妻子取名叫夏娃，因為她是眾生之母。隨後耶和華將人趕出了伊甸園。

人因為蛇的引誘從伊甸園中被趕出來，從此

遠離安逸的生活。馬雅人安逸的飲食文明，最後也
是因為風蛇而終結。

　　人的貪婪使神認為必須給人教訓，於是神派
風蛇來到人間，風蛇所到之處無不刮起大風，建築
物被風蛇摧毀，人也被毀壞的建築砸傷。巨大的石
塊在風力作用下肆虐大地，到處都是飛沙走石。地
球上的第二次文明——美索不達米亞文明——就這
樣在大風中湮滅，永遠掩埋在黃沙之下。這個文明
的毀滅，也稱為風蛇浩劫。

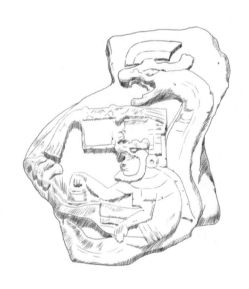

生物能文明的消失

　　美索不達米亞文明在狂風中湮滅之後，人類迎來了下一個太陽紀。第三個太陽紀是穆里亞文明，這是馬雅人推測地球上的第三次文明，也稱生物能文明，是美索不達米亞文明逃亡者的延續。這個太陽紀中，人們開始注意到植物發芽期間產生的能量非常巨大，於是他們發明了利用植物能量的機器，這個機器可以釋放巨大的能量，故而稱之為生物能文明。

　　所謂生物能是太陽能以化學形式貯存在生物中的能量，是一種經由植物行光合作用直接或間接地獲得，並以生物為載體的能量。在所有可再生能源之中生物是非常獨特的，它所貯存的太陽能，更是唯一可再生的碳源，同時又可轉化成常規的固

態、液態或氣態燃料。

　　現代人對生物能的開發和利用主要從三個方面進行研究開發：一是建立以沼氣為中心的物質循環系統，使秸稈中的生物能以沼氣的形式緩慢地釋放出來，解決燃料問題。二是建立「能量林場」，「能量農場」，「海洋能量農場」，建立以植物為能源的發電廠。三是種植甘蔗、木薯、海草、玉米、甜菜、甜高粱等，既有利於食品工業的發展，植物殘渣又可以製造酒精以代替石油。

　　但生物能文明中的人們，卻是如何發現及使用這種連今天的我們都很難完全利用的生物能呢？穆里亞文明紀與前一個太陽紀文明的不同點在於，人們不再醉心於烹飪美食和貯藏食物，取而代之的是他們對生物能量的重視。他們懂得製成植物能量塊將能量儲藏起來，等到累積一定程度之後才在需要時瞬間釋放，這樣的巨大能量甚至可以提供飛船動力。

　　同時他們也發明了可以激發各類植物快速生長的包裹基因，稱之為「強化能」。各種植物都有

各自不同的植物盔甲。穆里亞人根據種族，各自分配適合的植物進行強化，並將成果附著在身上。植物盔甲的好處在於重量輕、包裹合身、內部柔軟、外部堅硬耐用，又具有自我修復能力的特點。人們於是開始控制並運用植物的能量。這個時期的穆里亞人又發明了同體生長技術，把生長建築機械植入巨樹的幼苗裡，使巨樹生長迅速，因此得到建築房屋的材料。

馬雅預言對這個太陽紀的記載很少，人們推測這個文明的人們之所以轉向使用生物能，可能是因爲他們擁有上個文明殘存的記憶，並吸取了過去

的教訓。

　　最後或許是因為過度使用能量，也或許是因為人類的力量過於強大引起了神的恐慌，人類活動的陸地開始慢慢下沉。海水終於侵襲上了平地，最後整個大陸沉沒，生物能文明也隨之一同淹沒在海底。

火雨肆虐，光的文明付之一炬

　　第四個太陽紀就是亞特蘭提斯文明，也稱爲光的文明。

　　當時亞特蘭提斯的生活非常奢華，因爲根本無需用勞力賺取生活，一切都是自動化的，百姓享盡便利。大多數人的面貌都俊美非凡，衣服上縫滿珠寶綴飾，人們跳舞、聚會、服用迷幻藥物。亞特蘭提斯人用腦的程度高達百分之九十，並且可以跟動物溝通。他們不但懂得製造機器人，也透過基因工程創造出半人半獸的混合體（chimera），例如美人魚。整個城市都透過機械管理，人們不需特地讀書，只要經由特殊裝置就可以汲取知識，十五、六歲的小孩智慧就已超過現在的科學家。獨角獸也是他們基因改造下的產物。

　　亞特蘭提斯的能源系統中心是磁歐石。它是一個六面體（橫斷面是六角形），並呈現巨大圓柱狀的玻璃樣物質，它能吸收陽光，並將其轉變爲能源。磁歐石被設置在波塞迪亞（亞特蘭提斯的首都）太陽宮的中央能源所內，當今人類尙未有所涉獵的「宇宙能源」就是在那裡創造、集中、增強，並以不可直視的強烈光束向世界傳播。亞特蘭提斯人不只有將光線轉換爲動力的技術，同時也能使人體再生、返老還童，這一切都讓亞特蘭提斯人無憂無慮、快快樂樂地生活在那個天堂裡。

　　在交通工具部分，亞特蘭提斯人也運用磁場來驅動類似飛盤的飛行器。他們著重整體和諧的宇宙觀，也懂得運用心靈高度開發作爲信息傳遞的中繼站，功能就好像現在的衛星接收站一樣。也就是說在這個文明裡，精神力量就是一種有形的媒介，根本不需使用電線電纜，純淨的心靈就勝過現代的巨大盤型天線。一般人也會運用心靈與動物溝通，海豚和麒麟彼此進行心靈對話根本就是稀鬆平常的事。

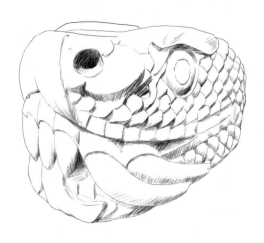

　　亞特蘭提斯人認為萬事萬物都有其存在的價值，對整體都有各自的貢獻。至於心靈高度成長的人類，則被賦予較崇高的社會地位。所以在亞特蘭提斯的社會裡，對兒童的教育多半著重在心靈的成長與開發而非才藝。幼兒的健康成長，大半仰賴的是心靈培養，而非營養豐富的科學食品。積極進取的精神是這個學習期間的重點，以期使靈魂達到最高的潛力。

　　孩子們透過類似禪修打坐的冥想活動來開發自己的潛能。亞特蘭提斯人認爲唯有身心靈同時提升才能使人類發揮最大的潛能，所以小孩子的志願從來就不是當官賺錢，而是希望自己在年紀大了以後（當時人類的平均壽命可能達到二百歲）能夠成爲一位受人尊敬的智者。因爲智者不僅能夠爲人指點迷津，還能傳遞天象預知未來，將一切人、事、物導入最和諧、最適當的位置。在這個思想與心靈至上的社會裡，人們對野蠻粗暴所持的譴責標準相對較現代人爲高。因爲在這樣和諧的世界中，身體的侵犯是不被允許的，同樣試圖控制他人思想也被視爲禁忌，因爲當精神與物質被歸爲同一性質時，這樣的行爲等同於犯罪。

　　但是亞特蘭提斯人實在太過分強調對個體的尊重，認爲自己該爲自己的心靈成長與提升負責，因此對於野蠻與道德下滑的現象並不會給予懲罰。加上當時並無婚姻制度，導致有些亞特蘭提斯人的性生活出現雜交的亂象，甚至還有與動物交配等變態行爲。但他們認爲那些人之所以選擇動物爲交配

對象，是因為精神上的失衡，認為是他們不成熟的關係，因此這樣的行為也沒有遭到制止。

　　最後或許是因為他們過度強調享樂以致於遠離生命的精神背離了上帝，加上他們肆意運用自己所掌控的光能，終於導致火雨肆虐，造成自己的毀滅。

地球並非人類所有，人類卻屬地球所有

　　「地球並非人類所有，人類卻是屬於地球所有」這也是馬雅人說過的智慧之語。命運的安排，令馬雅文明僅得以留下遺跡——入侵的西班牙人毀去絕大多數馬雅文字記載，僅留下四本馬雅古書，從此後人再也難以了解馬雅文化到底從何而來、為何而終。

　　少數殘存的馬雅古書裡頭，記載的不只是馬雅人自己的歷史，而是從地球起源直到人類誕生的故事。這本馬雅人的「神話」，記述著許多神祕事跡，他們認為地球是靈魂的淨化場所，靈魂來到這裡之後必須不斷地淨化昇華。預言不僅道出人類與地球的關係，也暗喻著人類的尊貴地位。人類雖然

不是地球上唯一的高等生物，但卻只有人類，才能在地球這個淨化場所完成靈魂的淨化與昇華，成為宇宙中真正的高等智慧。同時馬雅人也認為隨著歷史演進，人類將會漸漸遺忘這層關係。他們說現代人類將在日新月異的科學發展下，恣意濫用地球資源，以為自己是地球的擁有者，自己才能主宰這兒的一切。當整個世界只剩下物慾橫流，即象徵著第五太陽紀末期的到來。

這一點也合理解釋了為什麼馬雅曆法記載第五太陽紀的終結，也就是人類在歷經長達五千多年的馬雅大週期之後，換算現今曆法將於公元二〇一二年迎向最終。同時預言公元一九九二至二〇一二年前後二十年間的地球更新期，將出現宇宙大法開始弘傳，並出現能與宇宙意識共鳴的新人類。更新期後的地球便逐漸步入預言中的同化銀河系，人類從此邁向另一個新文明。

乘著時間的飛船，我們返回現代，面對三千多年前馬雅人所達到的高度文明，我們依然深感震撼。更加難以想像的是，在馬雅人留給人類的五項

預言中，其中四項竟已成爲了現實，而第五項預言的驗證也已進入倒數計時階段。也許這一切對某些人而言，實在有違現實，過度充斥神秘色彩。但是以目前人類的貪婪以及挑戰自然的生活方式，這個驚悚的預言在多種錯綜複雜的因素交互影響之下，也許在很短的時間之內即將成爲現實。

縱觀近代史，人類早已失去了對大自然應有的敬畏及感恩。尤其自十六世紀起西方國家工業革命始，憑借人類的認知和所掌握的技術，人類與大自然從原本的和諧相處，逐漸來到對立的局面。隨著工業化腳步而來的，便是對大自然瘋狂的掠奪和破壞，以及爲了達到利益不惜造成的戰爭和屠殺。

作爲大自然的一分子，人類不該毫無限度的向外擴張，否則大自然終究會蓄勢反撲。因此人類必須克制自己的慾望，回歸人性本善，理性的自制並順從大自然才是人類在這個地球上生存下去的唯一辦法。

我們必須堅定這個選擇，因爲當大自然終於反撲，任何人都無處可逃。身爲萬物之靈的我們，

必須保持靈性，並以順從的心去敬畏這個我們賴以維生的大自然。

現代人的科技發展程度，已經有能力製造出越來越多的麻煩，再不自制甚至可能引火自焚。比如人類的基因改造能力，若遭到不肖利用，開始大規模改變存在了億萬年的自然神秘法則，這樣一來無論是對人類還是其他物種，甚至對整個地球來說都可能意味著一場極其嚴重的災難。

科學本身沒有錯，很難去定義它的好壞，但不管哪一個物種都應該順應自然，絕對不可以只站在人類的立場上考量，就隨意影響其他物種的進化，否則就是逆天行道。

　　地球的運行軌道正在不斷的發生變化。或許有那麼一天，大地會將自認擁有高智慧的人類抹去。畢竟，人類歷史不過百萬年，擁有文明也不過五千年，相較地球存在的四十六億年，不過是一瞬間而已。

　　在人類存在這段時間之外，或許早有更高智慧的生命形式存在過，毀滅過，或者重新崛起過。正如馬雅人說過的：「地球並非人類所有，人類卻是屬於地球所有。」人類必須團結起來，做自己命運的主宰，期盼進入文明高度發展的烏托邦時代，達到人類與大自然的和諧。

神祕的新娘消失事件

在埃及的阿列基沙特亞市有一條歷史悠久的大街──坦尼亞大街。自一九七三年三月以來，已經先後有六位新娘行走在這條街上的時候突然間不知去向，僅發現路面出現數呎深的小洞。

第一次的失蹤事件之中，新郎是位職業攝影師，新娘名叫梅麗柏。這對夫婦正在大街上散步，突然路面上出現了一個不算大的洞穴，梅麗柏於是跌入洞中，隨即消聲匿跡。警察為此在現場開挖，費時一年毫無所獲。其間又發生了第二起新娘失蹤案。那是同年的十月，一對來到埃及旅遊的美國夫婦正好奇地在坦尼亞大街上散步遊覽，新娘卡玫就在眾目睽睽之下，突然失足陷入一個瞬間出現在面前的坑穴，只見她身子一晃，從此再也看不見人影

了。

其後的一九七四年、一九七五年、一九七六年，連續三年又發生了四起新娘失蹤案件。其中，一九七四年五月失蹤的是一位希臘籍新娘哥特尼太太；一九七五年則有兩位埃及當地新娘分別在結婚數月後失蹤。一九七六年一月十三日，是目前為止記載中最後一起新娘失蹤案件。這是一對結婚才剛滿兩個月的夫婦，丈夫是二十五歲的皮爾，新娘是二十三歲的亞菲・瑪利婭。瑪利婭也正和丈夫並肩走在坦尼亞大街上，突然好像被什麼力量拽著，跌入一個直徑約六十公分、深約十五公分的洞穴間，同樣一下子失去了蹤影。事後，警方調來工作人員和挖土機，以那個洞穴為中心將整個路面掘開，向下深掘了約一點五公尺，然而卻什麼也沒有發現。警方為此事件成立了專案小組，負責調查坦尼亞大街上一系列失蹤事件。但除了失蹤者都是年輕漂亮的新娘以外，案件還是無解。

發生在埃及的神祕事件不僅被列入官方的歷史，直至今天，仍有許多科學家先後前往阿列基沙

特亞市進行調查，希望能夠找出新娘突然在光天化日之下失蹤的真正原因。難道是傳說中的黑洞將這些新娘帶走了？宇宙中的黑洞又該怎樣解釋呢？

假設，宇宙中的黑洞就像人體裡的血管一樣，那麼某個細胞或者某個極小的分子一旦落入了血管中，那會是怎樣的情形呢？此時這個細胞或組織可能根本無法左右自己了吧，對它來講，這個速度就像光速一樣是人眼無法看見的。

黑洞很可能也是由恆星演化而來。一顆恆星衰老之後，它已經耗盡了星球中心的氫燃料，原本由星球中心所產生的能量已經所存不多了。這樣一來，它再也沒有足夠的力量承擔星球外殼的巨大重量。於是在外殼的重壓之下，核心開始塌陷，直到最後形成體積小、密度大的星體，重新取得壓力的平衡。質量較小的恆星多半演化成白矮星，質量比較大的恆星則有可能形成中子星。根據科學家的計算，中子星的總質量不能大於三倍太陽的質量。如果超過這個值，它就再也沒有足夠的力量與自身重力相抗衡了，因此引發另一次大塌陷。

根據科學家的猜想，星球的地殼將無止盡地向地心內縮，一旦半徑收縮到小於史 瓦 西 半 徑（Schwarzschild Radius），該星球自身重力就會將自己壓縮成一個點。正像前面介紹的那樣，巨大的引力籠罩之下，連光也無法向外射出，從此切斷恆星與外界的一切聯繫——「黑洞」就這樣誕生了。除了星體終結可能產生黑洞外，還有另一種特殊的黑洞——量子黑洞。這種黑洞很特殊，它的史瓦西半徑很小很小，能達到十的負二十幾次方米，比一個原子還要小。它與一般黑洞不同，並不是由大質量的星體塌縮形成的，而是原子塌縮而成。所以說，只有一

種條件才會創造出這種量子黑洞，也就是所謂的大爆炸。在宇宙形成初期，巨大的溫度和壓力將單個原子或原子團壓縮成許多量子黑洞。而這種黑洞幾乎不可能被人觀測得到，目前這還只是一個理論。

　　宇宙到底是有限的還是無限的？有沒有中心？有沒有邊緣？有沒有生老病死？有沒有年齡？這些恐怕是人類活動以來一直受到關心的話題。宇宙中的天體絢麗多彩，表現出了各種層次。為了找到更清楚的答案，下一篇就讓我們研究看看宇宙的組成和結構吧。

精神空間與運動空間

　　十八世紀時，西西里島的達館鎮住著一位名叫阿爾伯・格多尼的手工藝師父。據稱一七五三年五月三日他正從城堡院子走過，突然在妻子、城堡伯爵和許多目擊者的面前消失了。震驚的人們挖遍了院子附近每一吋土地，卻完全沒有找到能夠藏人的洞穴。整整二十二年後格多尼在過去他失蹤的地方現身。阿爾伯聲稱自己哪兒也沒去過，人們於是將他送進了精神病院。他在病院裡度過了七年後，終於出現一位醫生——馬立歐神父。神父問起事情發生的經過，手工藝師父依然斬釘截鐵地說自己消失之後馬上就回來了。他只知道自己二十九年前好像突然進入了一個隧道，然後馬上就朝著隧道彼端那道白色的昏暗光芒走了出來。神父確信手工藝師父

並沒說謊，於是帶著他再度造訪達館鎮。沒想到，可憐的阿爾伯才剛剛邁進院子第一步，就又消失了，這次他確實是永遠消失了。馬立歐神父在胸前劃了一個十字，下令砌起高牆將這個地方圍起來，並稱此地爲「魔鬼陷阱」。

九〇年間，莫斯科的研究人員阿納卡塔曾經描寫過一個事件。當時他正在莫斯科東北部一個神祕地帶工作，考察隊員之中有位女性成員突然消失在所有人的視線中，過了整整一個晝夜，她又在原地出現。過了好長一段時間，她還是不能相信自己消失過的事，只覺得自己好像離開了一瞬間。

這兩件事引起科學家們大膽的推測：我們現在所處的空間只是一個運動空間，與運動空間相對應的還有另一個更深一層的未知空間，也就是精神空間。精神空間是一個抽象的存在，沒有具體實物。而我們現有的力量和科技水準與那個未知空間的智慧畢竟相差太多，光靠我們自己的力量絕對無法到達，但或許在某個偶然的瞬間，外界的超強力量突然將我們帶到那個只有未來人類才能到達的空間。

　　我們現在所生活的運動空間當中，精神與肉體是統一的。可是在地球的某個角落中，可能正隱藏著另外一種神秘力量。這種力量可以使我們的精神與肉體分離，讓精神遊離於肉體之外存在。如果真的是這樣的話，當我們尋找到了那種神奇的力量，是否就可以將精神從肉體中脫離？從此我們只需要單純的精神空間就夠了？

　　現在的我們為了符合肉體需要，只能生存在運動空間之中。如果只有精神存在的話，那麼人類的時間彷彿等於停滯。在時間停滯的精神空間裡，我們的思維卻不會受到控制，這豈非另外一種意義上的永生。

　　現代人總是討論著應該如何充實精神生活，每個人都需要一個精神空間來撫平現實中疲累的心靈。在我們熟知的這個運動空間裡，為了生存，我們需要不斷地從外界獲取自身所需的能量來維繫生命。我們需要陽光、空氣、食物和水。當人類的智慧到達一定程度之後，就開始驕傲地認為自己可以凌駕於其他生物之上，人類貪婪的本性於是顯露出

來，對大自然需索無度肆意破壞。無知狂妄的人類或許正一步步將自己推向滅亡，也許有一天，這個運動空間會毀在我們自己手中。一旦沒有了肉體作為精神的支撐基礎，精神也將隨著我們的身體一同死亡。

　　或許真如馬雅人的預言，是我們將自己送入毀滅的邊緣。

CHAPTER 05

世界末日的預言

二○一二人類真的在劫難逃？

根據馬雅預言，今日我們所生存的地球已經處於所謂的第五太陽紀。到目前為止，地球已經過了四個太陽紀，每一紀結束前都會經歷一番驚心動魄的大毀滅。

二〇一二是世界毀滅？
還是重新計時？

　　如果說漢人是為歷史、為傳統而活的民族，那麼馬雅人就是按照預言、為未來而活的民族。他們深深相信《豹的預言書》中的記載，並且安然接受既定的未來。一五一九年西班牙入侵者登陸馬雅那一年起，整個猶加敦半島逐漸進入西班牙的掌控，直到一六九六年西班牙神父抵達伊察王國時，國王竟然說：「根據預言，我們背離神的日子還未到，請四個月後再來吧！到時，我們將履行預言。」這種服從預言的態度與作法，真是令人感到驚訝。無怪乎他們所留下的文物，都帶有這種鎮定又無畏的神秘感了。

　　古馬雅人的無端消失於叢林中，以及西方人

之所以能夠輕易征服馬雅，似乎都是出於馬雅人本身對預言的無上遵從。該生該滅，早已融入宇宙的變化規律。曆法預言既已寫下他們的命運，又何必掙扎呢？與其說馬雅文化是被消滅，不如說他們自己接受被上天消滅的安排！馬雅人等待的既非生，也非死，似乎只是認命的等待。馬雅的預言多次告訴人們：「新的神將會到來！」地球將開始一個全新的歷史紀元。

馬雅人預言，從第一到第四個太陽紀末期，地球皆陷入空前大混亂中，而且往往在一連串慘不忍睹悲劇下落幕，地球在滅亡之前，一定會事先發出警告。馬雅預言最後記述的文字，大多是關於年代的紀錄，而且這些年代紀錄不約而同地全部在第五太陽紀末宣告終結。因此有人推測，馬雅預言地球將在第五太陽紀結束後迎向完全滅亡的結局。

依照馬雅曆法，地球由始到終分為五個太陽紀，分別代表五次浩劫和五次不同的人類文明。這五次文明分別是：

第一個太陽紀：馬特拉克緹利（Matlactil

Art），又稱根達亞文明，最後被一場洪水所滅，有一說法是諾亞的洪水。

第二個太陽紀：伊厄科特爾（Ehecatl），又稱美索不達米亞文明，最終被風蛇吹落凋零。

第三個太陽紀：托雷奎雅維洛（Tleyquiyahuillo），又稱穆里亞文明，因陸地沉沒而消失。

第四個太陽紀：宗德里里克（Tzontlilic），又稱亞特蘭提斯文明，最後因爲火雨肆虐引發大地覆滅而亡。

第五個太陽紀：托納提烏（Tonatiuh），因爲人們會使用情感而被稱爲情感的文明，這個文明結束時太陽將會消失，地球開始搖晃，最後毀滅。

很多人對最後一個預言的末日說深信不疑，認爲二〇一二年十二月二十一日就是世界末日。馬雅曆法中的第五個太陽紀結束，太陽將會永遠的消失，大地劇烈搖晃，災難四起。因爲地球磁極逆轉，帶來難以估量的嚴重後果。衛星將暴露在太陽電磁風暴的吹打中，在很短的時間內就會被摧毀，人類

的高科技通訊技術從此癱瘓。此外，許多隨季節移居的候鳥或動物因為地球南北極的變化，先天本能再也無法產生任何作用，於是當春天再次來臨時，牠們卻再也找尋不到回家的路。

　　而對於人類本身而言，最直接切身的災難莫過於強烈的太陽粒子風暴。大部分宇宙射線還未到達地球表面前，通常在太空中就被地球磁場吞沒或阻隔住了。然而在南北兩極翻轉的過程中，地球磁場消失，太陽粒子風暴猛烈衝擊地球大氣層，對地球氣候和人類命運造成直接且致命的影響。也正因

如此，有科學家懷疑，地球磁極翻轉很有可能是人類古文明覆滅的主要原因。

然而針對馬雅預言，有人卻推測出另一番不同的見解——情感文明的結束並不代表人類文明的終結，而是另一個全新文明的開始，人類將邁入與本次文明毫無關係的全新文明。二〇一二年十二月二十二日並不意味著什麼大劫難的到來，只是暗示全人類的覺醒和轉變，緊接著來臨的將會是另一個全新的文明。

二〇一二年，我們即將面對的是無盡的黑暗，還是和煦的陽光？我們是否還有新鮮的空氣、清潔的淡水、豐沛的食糧？我們身邊是不是還有慈愛的父母、親密的朋友、可愛的孩子？是否仍舊與你我同在？二〇一二，是生存還是毀滅？

磁力危機？
——零磁力現象不一定會發生

　　很多人對馬雅預言的二〇一二世界末日說深信不疑。其中的原因除了他們對天文、曆法和數字方面超乎尋常的敏銳感知能力以外，也因為二〇一二年前後，推測在地球和太陽系中即將發生一系列異常變化的關係。但是如果我們深入研究這些異常，就會發現若是一味相信這些異常將導致地球毀滅，未免也太過杞人憂天了。

　　科學家依據馬雅預言的世界末日景象描述推測，認為導致地球毀滅的其中一個原因有可能就是南北磁極的逐步翻轉，以及翻轉過程中可能出現的地球零磁力狀態。根據以往的數據推算，地球與太陽的磁極可能在二〇一二年發生變化。所謂變化，

就是北極與南極磁場開始慢慢對調。由於地球的磁場與太陽磁場息息相關，於是精於馬雅古文明研究的摩利斯‧科特羅（Maurice M.Cotterell）認為：當太陽磁極逆轉時，地球磁極也將跟著對調，因此造成地球南北極互換。而地球上的生物因為無法適應磁極互換期間的重大氣候變化，導致集體死亡。根據電腦模擬的結果預測，地球和太陽的磁極顛倒過程除了引起電子儀器故障以外，最明顯的危害就是鳥類在遷徙旅程之中，因為無法辨別方向而迷路。直到當地球磁力降至零之際，造成的後果就更嚴重了。

電腦模擬結果進一步顯示：在地球零磁力下，所有動物，包括人類的免疫系統都將大為降低。地殼發生火山噴發、地震、土石流等現象。地球大氣層因之減弱，於是來自太陽的宇宙輻射威脅增大，最終可能對人類造成輻射災難。另外小行星將朝地球方向飛來，地球的重力也將隨之產生改變。長毛象的滅絕就是最好的例子，原本長毛象是一種生活在熱帶地區的生物，但在磁極對調之後，牠們生存

的地方突然變成一片天寒地凍，於是我們在西伯利亞、阿拉斯加發現長毛象集體死亡的遺跡，而且根據考古學證據顯示，在很久以前西伯利亞和阿拉斯加竟原本屬於熱帶氣候帶。依照這個理論繼續印證，一旦零磁力現象真的發生在現代的話，大批的地球生命將因此面臨一場劫難。

如果所有關於零磁力的推測都同時發生，也就是假若此時再遇上太陽磁場顛倒的十一年週期，這段時間內地球上所有動物包括人類的免疫系統都將大為降低，那麼唯一不受影響的只有居住在地殼深處的有機體。屆時人類躲避災難的方法，就是躲到地殼底下，或者搬去其他星球上居住。也許火星會是一個合適的選擇。

聽起來這一切似乎很可怕，不過可以安心的是，根據天體、物理與電腦科學家的共同研究發現，上次發生同樣現象的時間是在恐龍消失前後。在人類歷史記錄中，還沒有任何此類現象發生的記載。儘管電腦模擬結果有些駭人聽聞，但根據最近美國 NASA 所發表的聲明來看，地球兩極顛倒雖會

使地球磁力不穩甚或變弱，但地磁下降至零的可能性微乎其微。

　　每個天體的運行都與彼此引力有關，如果磁力變小，首先面對的問題就是該怎麼與周圍其他天體的引力抗衡。這種互相抗衡的力量實在太巨大了，沒有任何天體可以憑藉自身的力量達到與外界引力持平的力場。所以，零磁力發生的可能性，微乎其微。

兩極倒轉？
——持續百萬年的緩慢過程

　　地球磁極突然倒轉可能造成的後果相當嚴重，其影響範圍擴及整個自然界。若在一瞬間倒轉，地殼將會突然剝離，地心的岩漿噴湧而出。大陸分裂使得人類落入大海，地震、海嘯、火山以及其他災難將全部一起出現，而太陽輻射就是其中最大的災難。

　　地磁南北極自古就有，科學家在研究古地磁現象時早已證實這點。新形成的沉積岩因為地磁的影響而產生極微弱的磁性，這種磁性殘留一旦形成就永遠留存在岩石中了，即使岩石隨板塊移動至別的地區，其本身所帶的磁化方向也不會改變。所以只要測出岩石的年代，以及磁性的磁偏角和磁傾角，

就可歸納出該岩石形成的緯度所在，至於經度就只能用推測的了。科學家把各個年代、板塊及岩石的古地磁都測出來之後，再結合岩石的礦物特徵、所含的化石等等資料，將各個板塊分佈的古代地圖繪製出來。這就是人類發現二十五億年前亞洲、北美、非洲、澳洲等大陸板塊是連在一起的原因。六千多萬年前西藏板塊、印度板塊和南極、澳大利亞板塊是相連的，且處於南半球。這些推測主要依靠的就是古地磁數據，由此足見地磁在四十億年前地球形成地核、地幔、地殼時就存在了。而且只要地球內部的活動不停止，它就會永遠存在下去，不會有什麼大變化。所以擔心地磁消失，其實是沒有任何證據的。

大家都知道，指南針兩端所指的永遠都是地球的南北極，這說明地球是一塊巨大的磁鐵。然而，地球的磁場並非亙古不變，南北磁極的確曾經對調過位置，也就是現在的北極曾經是南極，而南極曾經是北極，這個對調的過程就是所謂的「磁極倒轉」。當然，你我都沒有經歷過這種「倒轉」。

事實上，自從有人類以來還未出現過地磁倒轉的記錄。但在此之前，我們所居住的這個地球上，確實發生過多次磁極倒轉事件。

根據研究，在最近四百五十萬年裡，就可以分出四個磁極不同的時期。和現在一樣的稱為正向期，共有兩次，另外兩次就是和現在相反的「反向期」。在每一個時期之中，還會出現短暫的磁極倒轉現象。地球磁場的磁極變化，可以追溯到更古老的年代。大約從前寒武紀末期到中寒武紀期間，是

反向磁性爲主的時期。從中寒武紀到中泥盆紀，是正向磁性爲主的時期。中泥盆紀到白堊紀末，還是以正向磁性爲主。白堊紀末至今，則是以反向磁性爲主。如果把地球的歷史縮短成一天，在這期間你會發現手上的指南針好像瘋了似的亂轉，一會兒指南一會兒指北。

從岩石中的某些磁性跡象看來，地球的確發生過劇烈的磁場變化，但通常都是持續數百萬年的緩慢過程，緩慢到人類根本感覺不出來。

天體重疊？
──正常現象，毫無威脅

　　前面的章節中已經不止一次說起馬雅預言無與倫比的精準。正是基於這個理由，人們對馬雅世界末日的預言也存在著超乎想像的恐慌。

　　生存在這個世界上的人類，一直都想知道自己來自何方，將去何處。茫茫宇宙是否存在超人的智慧？浩瀚蒼穹，斗轉星移之中，是否蘊含著偉大的意義？漫漫人生，坎坷沉浮，是否蘊藏神秘的運數？生死之間，幽明殊途，是否存有千絲萬縷的聯繫？在科技昌明的今天，人類是否有能力脫離冥冥之中的一切安排？

　　在那個久遠的年代，美洲的馬雅祭司竟早已預見今天人類社會可能發生的事情，真令人難以置

信——也就是馬雅「卓爾金曆」中所描述與「大週期」有關的預言。「大週期」指的時間是從公元前三一一三年起到公元二〇一二年止。這段時期之中，地球以及太陽系的運行軌道正好通過一束來自銀河系中心的銀河射線，這束射線的橫截面直徑剛好就是地球運行五千一百二十五年的距離。直到地球離開銀河射線範圍之後，整個太陽系將進入「同化銀河系」的新階段。

馬雅人的預言，爲後世留下無比珍貴的研究資料。馬雅曆法的預言，揭示了銀河系中季節氣候的運行規律。馬雅人認爲，銀河系中的一切生命都是由銀河核心所主宰，一切的物質和生命都必須依照銀河系的法則生存，並和整個銀河系中其他的物質或生命產生「和諧共振」。這麼古老的民族，在這麼久以前就開啟對銀河系的探究，單憑這一點就足以讓我們震驚。

關於「同化銀河系」的說法，星象學家也有了一個推論：二〇一二年可能會出現罕見的「天體重疊」，這種「天體重疊」現象每兩萬六千年才會

出現一次。「天體重疊」時，太陽在天空中的運行路線將會穿過銀河系的中央點，導致許多天體的運行路徑受到干擾。

　　許多人擔心這種天體錯位，將會讓地球暴露在更強大的未知宇宙力量之下，繼而因爲宇宙力量的牽引影響到地球的自轉和公轉週期，最終加速地球的毀滅。所謂毀滅，可能是地球兩極互換，或是在銀河系中心形成一個巨大的黑洞。

但是更多的科學家卻指出，這種言論其實是不可能成立的。依照觀測太陽系各大行星運行規律的結果顯示：二〇一二年絕對不會出現這種可怕的天體重疊現象，或者應該說只會出現一些正常的天體重疊。比如每年冬至時，我們從地球上看到的太陽，就像處於銀河系的中央一般。或許星象學家見到這種現象會特別興奮，但對科學家來說，這種現象稀鬆平常。它不但不會造成地球引力、太陽輻射、行星軌道等事物的變化，也不會對地球上的生命造成任何影響，根本沒有任何奇怪之處。因為這根本就是正常的天體運作，只有認為世界即將面臨末日的人，才會把這些普通的天文現象視為威脅。這些現象過去早就發生過很多次，根本沒有引起人們的注意。只是因為世界末日說而吸引了人們猜疑的目光。

關於「天體重疊」這個問題，德州大學的馬雅專家大衛‧斯圖亞介紹說：「沒有任何馬雅古書或藝術品提到過這個問題。」考古天文學家安東尼‧阿維尼也認為，馬雅長曆法將西元二〇一二年

冬至當作一個輪迴的終點，所代表的真正重點是馬雅天文學的高深成就。現代人實在無需過度擴張神話般的預言，甚至杞人憂天。

藉著觀測天象，人們不僅學會如何精確預測日蝕和其他天文現象，同時也掌握耕種季節的輪迴與天文現象的關係。馬雅曆法與耕種節氣之間同樣也存在著這樣的緊密聯繫。這一點並不難理解，就好像中國傳統的二十四節氣一樣，我們的祖先同樣基於長期觀察天體運行的規律，制定了二十四節氣，並應用在農業生產當中。同理，充滿智慧的古馬雅人在天文上的造詣亦是如此令我們驚嘆。

如果對於一個農耕民族來說，觀察行星的運行規律，只是為了農業耕作，那麼也許這只不過是馬雅人在天文學上的一些發現而已，並沒有末日說所表達的那麼可怕，或許只是我們對於馬雅人精準的預言過度敏感，庸人自擾罷了。

行星撞地球？
──這個天體並不存在

關於地球毀滅的方式，人們還有另一種說法，那就是行星撞擊地球。有些人認爲外太空有某顆神秘的行星正朝著地球的方向飛來。據說如果行星正面撞上地球，地球將會因此而消失。即使只是輕輕擦過也會造成地球引力產生變化，繼而吸引大量的小行星撞擊地球。這顆未知行星真的會在二〇一二年底出現嗎？

所謂小行星，是除了太陽系九大行星和彗星之外，同樣在太陽系內繞著太陽運行的小型天體。一八〇一年意大利天文學家在火星和木星之間發現一顆小行星──谷神星，這是人類發現的第一顆小行星。直至目前爲止，天文學家已經觀測到的小行

星有三十七點五萬顆，其中四點四萬顆的運行軌道已經被精確地計算出來，而目前並沒有發現這四點四萬顆小行星之中有哪一顆可能在近期對地球構成威脅。

　　大部分小行星都在火星與木星的運行軌道之間鋪成碎石帶，各自規律地環繞太陽運行。偶爾或有某顆小行星受到某些影響，例如：太陽、木星的衛星、太陽系外天體的引力或衝擊，導致其偏離原有軌道而奔向地球。但大部分並不是直接衝向地

球，只是在距離地球較近時受到地球引力吸引而來。這就是我們經常聽的「天體碰撞」。行星撞擊地球的後果當然具有毀滅性，因此人們對於這個現象抱持著很深的恐懼感。行星撞擊地球也不是沒有發生過，其中最有名的影響就是恐龍的滅絕。

有關恐龍滅絕的原因，一直以來眾說紛紜。有些人認為大規模的火山爆發是導致恐龍從地球上消失的原因。另一些人則認為牠們是史前氣候變遷的犧牲者。而今有一項重要研究發現了恐龍滅絕的確切證據，認為恐龍是在一顆大小相當於威特島那麼大的小行星撞上地球之後，幾周內相繼全部死亡。

這個導致恐龍集體滅絕的行星撞擊地球事件發生在六千五百萬年前，撞擊引發大規模的火災、地震和山崩，最終導致海嘯。但爆炸後高速噴入大氣層的殘骸才是恐龍滅絕的致命一擊。瀰漫的煙塵致使地球陷入一片黑暗和寒冷之中，不能適應這種極端環境的物種再也無法生存。當時北美洲發生森林大火，煙塵遮天蔽日，半數的物種因此走向滅亡。

　　這顆撞擊地球的小行星所釋放的能量，等於美國轟炸廣島原子彈的十億倍。巨大的能量使得爆炸物升入大氣層，遮擋住陽光。如威特島般大小的小行星一旦撞擊地球，速度遠比高速飛行的子彈快二十倍。如果從地平線上看過去，炙熱的岩石和氣體爆炸的場面，猶如一顆大火球，炙烤著沒能及時找到藏身之處的動物。諷刺的是，雖然這殘酷的一天預示著統治地球長達一點六億年的恐龍即將退出歷史舞台，但接下來的事實證明，這一天卻是哺乳動物取而代之成為地球優勢物種的開始。在這個事件以前，哺乳動物只能生活在恐龍的陰影下。大滅絕幾乎可說是地球史出現劇變的關鍵時刻，為人類成為地球統治者埋下了先機。

　　那麼行星撞擊地球的事件有沒有可能發生在現代呢？天文學家指出，地球周圍環繞著的小行星數以百萬計，所以在太陽系中，彗星、小行星、地球或者其他行星相互碰撞的可能性的確是有的。舒梅克－李維九號彗星在軌道運行中，受到木星的強大引力影響分裂成二十一個小碎塊，隨後陸續撞入

木星大氣層。這就是一九九四年彗星撞木星的天文奇觀。撞擊時產生的能量相當於數萬顆廣島原子彈爆炸的能量，在木星上造成直徑達兩萬公里的痕跡。

萬一小行星撞上地球，預測釋放的能量將會引發連續不斷的大地震和森林大火，更可能導致大量的物種滅絕。但是，就算撇開行星本有自己的運行軌道不談好了，行星要撞擊地球的概率實在太小了。因為如果真的有行星衝向地球，可能出現以下幾種狀況：

1. 地球的引力將行星撕碎。
2. 行星的引力把地球撕碎。
3. 地球捕獲這個行星，令它成為新的衛星。
4. 這個行星將地球捕獲成為衛星。
5. 行星直接撞擊到地球表面。

地球剛剛形成初期，這些小行星撞擊地球的事件原本很普遍，但是隨著地球逐漸成形，這種機率就小了很多。再加上其他幾大行星和月球的保護，這種撞擊發生的機率幾乎為零。於是科學家們對於

行星撞擊地球一說，他們說：「不可能！」

　　這個關於未知行星撞擊地球的預言最早出現於二〇〇三年。一位婦女聲稱她收到來自宇宙某行星的信息，可是從二〇〇三年到現在已經過了好幾年了，如果在太陽系內確實存在這顆行星的話，那麼過去十年中天文學家肯定已經開始在研究它了。更不用說距離這麼接近的星體，我們的肉眼應該也已經可以看到了。所以說，這顆所謂的未知行星確是不存在的。

太陽風暴襲擊？
——並不足以烤焦地球

　　許多關於二〇一二年的災難預言都不約而同地說太陽是地球最可怕的敵人。傳說它將會在二〇一二年發生致命的太陽閃焰（Solar flare），其威力之大足以將地球上的生物烤焦。

　　事實上，太陽閃焰是有其規律可循的。太陽的活動周期是十一年，每次週期達到高峰時就會較頻繁地出現太陽黑子（Sunspot）和閃焰。劇烈的太陽閃焰的確有可能導致地球上的通訊設施或是其他地面活動遭到破壞。

　　我們的太陽系每兩萬六千年就會進入一個光子帶（Photon Belt），地球於一九八七年就曾通過這個光子帶，歷經七天後離開。此後，每年通過光

子帶的時間將會增加十四天。也就是一九八八年為廿一天，一九九六為一百三十三天，一九九七年為一百四十七天，二〇〇〇年為一百八十九天。直到二〇一二年十二月廿一日，整個太陽系就會完全地進入光子帶。

無垠宇宙中存在著無限的光子帶。據稱我們這個太陽系即將進入的，是被稱為昴宿星系的光子帶，這個光子帶以昴宿星系裡的愛克尼星為主軸，其他的昴宿星系則是以螺旋狀的方式循漸地進入。目前共有六個星系已經進入昴宿星系，最靠近愛克尼星的是莫洛培星系，依次是馬雅、依雷查、太吉塔、寇爾、阿特里斯星系，以及即將進入的太陽星系。

超級太陽風暴是指太陽在太陽黑子活動的高峰時產生閃燄爆發。科學家後來研究發現，太陽風暴其實是太陽能量增強使得自身活動力增強，繼而向外釋放大量帶電粒子所形成的高速粒子流。通常每隔十一年就會進入一個太陽風暴的活躍期。這時太陽會向外拋出很多物質，就像打噴嚏一樣，連離

它一點五億萬公里的地球都受到了影響。

有人認爲，依據馬雅人的預言和目前對太陽活動的觀測，二〇一二年地球將會遭遇強烈的超級太陽風暴，其破壞力將遠遠超過卡崔娜颶風，地球上幾乎所有的人都在劫難逃。二〇一二年九月二十二日午夜，美國紐約曼哈頓區上空將佈滿一道五彩斑斕的光幕。一般在紐約地區這種緯度，很少能夠看到極光。幾秒鐘後，當地所有電燈泡將閃爍不定，接著光線在瞬間突然增強，燈泡變得異常明亮。隨後，所有電燈全部熄滅。九十秒以後，整個美國東部地區將出現停電。一年之後，數以百萬計的美國人將逐漸死亡，國家基礎設施成爲一堆廢墟。世界銀行將宣佈美國退回發展中國家階段。同時，世界各國也將和美國一樣，陷入這次災難中苦苦掙扎。

不過，其實在二〇〇五年一月二十日下午三點左右就發生過一次太陽風暴。此次太陽風暴的影響，造成陸地上的通信、廣播、測量等短波無線電信號通訊被強烈的電離層吸收造成中斷，亞洲地區信號中斷了有一個多小時。另外，太陽風暴對地球

的另一個重要影響就是磁暴，繼而對供電系統產生影響。一九八九年三月十三日，在太陽活動二十二周年最高峰的強磁暴期間，加拿大魁北克的電力供應曾經受到嚴重影響，供電系統因此癱瘓，六百多萬人在電力無法供應的多天裡度過了九個小時。不僅如此，強磁暴同時燒毀了美國新澤西州一座核電站的巨型變電器，以及大量輸電線路、變壓器等電力設備跳電或損壞。

那麼在二○一二年太陽風暴發生時，地球會不會出現預言中提及的嚴重大區域電力系統癱瘓呢？科學家給的答案是否定的。其實太陽活動從來沒有中斷過，每天都有大量的太陽輻射到達地球。按照推測，二○一二年太陽風暴的強度根本不至於摧毀地球，甚至並不會明顯影響到地球生物的活動。科學家們並不認為太陽有可能釋放出足以烤焦整個地球的強大太陽風暴，至少短期內不會出現這種現象。除非太陽已經很明顯不再遵循原來的活躍週期。科學家預期在這個週期內，太陽閃焰達到最頂峰的時間並不是二○一二年，而在之後的一兩年。

一直以來關於世界即將終結的預言從來沒有停止過，末日預言也是千奇百怪，比如說：一八八一年，一名天文學家發現，哈雷彗星的尾巴包含了致命的氰氣體。在媒體的渲染下，人們認定地球將在一九一〇年被哈雷彗星的尾巴掃過，致命的氣體將致使地球死亡，恐怖的謠言傳遍整個美國。

時間來到一九一九年十二月十七日，氣象學家艾伯特·波爾塔斷言，當行星出現罕見的連接，將建立強大的重力或磁力流量，造成巨大的太陽閃焰衝向地球，摧毀大氣層。

　　直至一九七○年初，人們第一次意識到千禧年的問題。很多人認爲大範圍斷電或核子大屠殺等一系列災難即將到臨。很多人開始瘋狂購買槍支，相信末日說的人則積極準備躲進掩體內避難。直到二十一世紀的第一秒來臨，我們發現千禧年並沒有我們想像中的那麼可怕。

　　理查德‧諾納在一九九七年的著作——《二○○○年五月五日：終極災難》一書，預言這一天人類將遭遇大災難，南極冰層厚度將在五月五日達到三英哩厚，行星將在這一天連成一線，引發全球性冰凍災難，人類將面臨滅絕危險。

　　二○○八年，歐洲核子研究組織啓動了大型強子對撞機之時，開啓了宇宙起源之謎的探索。然而，外界卻遍佈了各種危言聳聽的「世界末日論」，甚至有人說這個實驗可能產生黑洞，在頃刻間吞噬地球。事實是自兩千年該實驗開始運行到現在，科學家都沒有找到足以證明地球可能受到摧毀的證據，既沒有產生黑洞，太陽、地球和月球也都一如往常地運行著，千年如一日。

地質災害才足以撼動地球

　　零磁力發生的機率微乎其微，兩極的倒轉只會以人類無法察覺的速度緩慢進行，天體重疊和行星撞擊地球的可能性也被推翻了。既然如此，到底什麼樣的災難才可能對人類造成傷害呢？答案是，隨時都有可能發生的地質災害，就足以撼動人類的生存空間。

　　首先想到的就是地震。地球的構造分為三層：中心是地核，中間是地幔，外層是地殼。地震一般發生在地殼的部份。地殼內部存在著不停的變化，因而產生力的作用，致使地殼岩層變形、斷裂、錯位，於是發生地震。地震的分級是根據釋放的能量大小而定。每次地震釋放的能量越多，震度級別就越大。

　　地震對自然景觀也有很大影響，最主要的變化是地面出現斷層和裂縫。大地震的地表斷層有可能綿延幾十至幾百、幾千公尺，往往具有較明顯的垂直錯距和水平錯距，但並不是所有的地表斷裂都直接與震源的運動有關，它們可能只是地震波造成的連帶影響。尤其是地表沉積岩層較厚的地區，比如坡地邊緣、河岸和道路兩旁常出現裂縫，這類裂縫通常是因為地形的關係，比如其中一側沒有依托的條件下，使得表土鬆垮崩裂。

　　地震的晃動，輕則造成表土下沉，淺層的地下水受到擠壓後沿著裂縫上升至地表，形成泥漿或冒水的現象。重則造成局部地貌的變化，或隆起、或沉降、城鄉道路龜裂、鐵軌扭曲、橋樑折斷。在現代化的城市可能因地下管道破裂和電纜被切斷造成停水、停電和通訊受阻。煤氣、有毒氣體和放射性物質的洩漏可導致火災和毒物、放射性污染等二次災害。在山區，地震還可能引起山崩和土石流，造成村鎮遭到掩埋的慘劇。崩塌的山石堵塞江河的話，就可能在上游形成堰塞湖。

　　地殼變動除了造成地震之外，還有海嘯。海嘯的肇因多半是震源發生在海底下的海底地震。當海嘯的波長比海洋的最大深度還要大，在海底的傳播又沒有受到太大阻滯時，不管海洋深度如何，海嘯都可以往前傳遞過去。海嘯的傳遞速度大約每小時五百到一千公里，相鄰兩個浪頭的距離也可能遠達五百到六百五十公里。這種波浪運動所捲起的浪濤，在海嘯震波進入陸棚後深度驟然變淺，造成波高突然增高，最高可達數十米，從岸邊看過去就像一道水牆。

　　由於地震引起的波動與海面上的海浪不同，一般海浪波動只關乎海水層的一定深度，但地震所引起的水體波動卻是從海面到海床整個水層的起伏。

　　除此之外，海底火山爆發、土崩及人為的水底核爆都會造成海嘯。隕石撞擊所造成的海嘯水牆可達數百公尺，且不一定在地震帶，任何水域都有機會發生，只是隕石造成的海嘯機率較低而已。

　　海嘯和一般的海浪或潮汐的成因不同。微風吹過海面，泛起相對較短的波浪，相應產生的水流僅限於淺層水體。猛烈的大風雖能夠在遼闊的海面捲起高度三公尺以上的海浪，但也不能撼動海水深處。潮汐每天漲跌，它所產生的海流雖然跟海嘯一樣能深入海洋底部，但其成因是月亮或太陽的引力。而海嘯的成因卻是海底地震、海底火山爆發或隕石撞擊所產生。海嘯波浪在深海中的傳遞速率超過每小時九百公里，可輕易與噴射機同步。雖然速度快，但海嘯在深水中並不危險，單個波浪在開闊的海洋表面所產生的起伏也非常細微，傳遞的速度又快，不經意間就靜悄悄地穿越整片海洋，然而一

旦遇到淺，就會造成大災難。

　　地震在海底地層造成斷裂，部分地層出現猛然上升或者下沉，也會造成海底到海面整個水層的劇烈震動。這種震動與平常見到的海浪大不相同。海浪一般只會在海面附近起伏，牽動的深度不深，波動和振幅力度隨著水深變化衰減很快。然而地層斷裂引起的海水振幅卻是從海底到海面整個水體的波動，因此其中所含的能量驚人。另外，海嘯波長很長，傳播幾千公里的能量損失也很小。基於以上原因，一旦海嘯到達岸邊，波浪振幅就會像平地拔起一堵水牆般，陡然衝上陸地，對人類生命和財產造成嚴重威脅。

來自二〇一二的警示

　　馬雅人究竟有沒有預言過二〇一二年是世界
末日？如果沒有，那麼他們確切的末日預言是哪一
年？許多學者針對馬雅文化留下的證據進行了深入
研究後得出一個結論——其實馬雅人並沒有留下任
何關於二〇一二年會發生什麼事情的明確記錄。於
是我們猜想，也許二〇一二的預言只是馬雅人留給
後人的警示。或者應該說，馬雅人將自身經歷和苦
難記錄下來，留作現代人的警惕。

　　現代人對地球的予取予求毫無休止，並且視
之為理所當然。面對這個我們賴以生存的家園，人
類並沒有懷著感恩的心情，而是以統治者的姿態，
高高在上的俯視著地球和世間萬物。

　　直至一九八〇年代，全世界才掀起一股對於

全球災變的關注，喚起這股關注的是數十年來一直令科學界一籌莫展的環境污染問題。大氣污染、全球氣候暖化、環太平洋火山活動頻繁、大規模地震、太陽黑子等等，各種自然現象接連發生，弄得全世界人心惶惶。「危機」一詞充斥媒體，能源危機、人口爆炸、大自然的反撲，這些字眼不僅大人看得到，連剛入學的孩子也朗朗上口。於是人類始終保留在記憶裡的災難意識一股腦兒湧現出來。全球頓時出現了無數個綠色和平組織，連小學生都開始談論起環境保護。各種關於天外來客、世界末日的傳說也突然間興盛起來。於是科學昌明的今天，人們再度表現出對生態變化的無奈。原本應該理性的現代人心中，原始的恐懼再度升級。甚至有一段時間，各種毫無根據的報道紛至杳來，令人感覺好像很快就要天崩地裂似的。

當然，這種原始恐慌終於喚醒了人類的自覺。愛滋病把人們趕回了家庭，生態危機敦促人們保護環境，綠色和平也有助於消弭國際矛盾，把人類內耗的能量轉而成為環境與人類共存問題的關注。因

為，人類的肉身和末日災變比起來，實在太微不足道了，如果真的遭遇災變，人類實在是玩不起。就這樣，人們學會控制廢水廢氣的排放量，盡力回收資源，同時開發替代性能源，甚至還想研究遷居月球的可能性。順應變化，正是人類文明的偉大之處。

古代馬雅人離洪荒年代較近，甚至可能仍依稀記得人類史上前一次的大災難。當時對他們來說可能意味著世界末日的地區性小災難，對今日的人類或已不再構成毀滅性的威脅。但是科技發達如現代人，一旦被迫面臨世界級的威脅，卻也只能望天興嘆，更何況這樣的威脅發生在新石器時代的馬雅人面前，他們確實只有無奈的份。可是馬雅人的偉大之處，就在於這無奈背後的泰然，以及災變之後重生的韌性。

今日的人類或許不需面對世界末日，但是如果我們繼續破壞環境，子孫們的感受只會更加切身。很多人覺得末日就算會發生，那也是未來的事，我們仍舊可以享受現在的生活。

　談未來總是太遙遠，但對於人類物種而言，未來總是來得那麼突然，尤其總是在我們毫無準備時突然到來。未來，可能沒有了你我，但是未來還有你我的兒孫，所以現在開始，我們就必須對人類這個物種負責。

　面對二〇一二的預言我們其實真的不必太過恐慌，歷史上的預言不計其數，大多都像肥皂泡一樣，在現實來臨前無聲無息的破滅。而新興起的預言依舊層出不窮，蔓延於人類內心好奇的沃土。每當新世紀來臨前，總有預言說人們將看不到新世紀的那一縷曙光。但到頭來，全都不攻自破。就像清

晨的殘夢，剛在新世紀晨曦中甦醒的人們，一轉身就忘得乾乾淨淨了。

由此看來，預言總是虛幻而渺茫。未來正如一望無際的天空，對大多數人來說，只有仰望的份。

預言的妙處在於，它如同一面朦朧的鏡子，只要我們不停擦拭，就會看見自己的身影。而預言也有其險惡，一不小心就可能將人引向歧途。所以我們更應相信自己內心的力量。也許二〇一二只是一個警示，或是進入另一個文明的分界點。二〇一二過後，我們的文明即將到達新高點，甚至也許要重新開始。不管如何，命運是無法掌控的，唯一能掌控的只有自己。

如果二〇一二真的是世界的盡頭，太陽永遠消失，我們也真的被這個星球遺棄。那麼剩下的時間裡，人們必須快樂的生活，陪伴家人，活出意義。但如果二〇一二只是一個莫須有的謊言，我們更應該反省自己，善待為我們提供一切的地球，以及和我們同處一片星空下的其他生物。如若不然，總有一天我們的子孫將會真正陷入世界末日的恐慌。

永續圖書
線上購物網

www.foreverbooks.com.tw

◆ 加入會員即享活動及會員折扣。

◆ 每月均有優惠活動，期期不同。

◆ 新加入會員三天內訂購書籍不限本數金額，

　即贈送精選書籍一本。（依網站標示為主）

專業圖書發行、書局經銷、圖書出版

永續圖書總代理：

五觀藝術出版社、培育文化、棋茵出版社、達觀出版社、

可道書坊、白橡文化、大拓文化、讀品文化、雅典文化、

知音人文化、手藝家出版社、璞珅文化、智學堂文化、語

言鳥文化

活動期內，永續圖書將保留變更或終止該活動之權利及最終決定權。

i-smart

智學堂

智慧是學習的殿堂

★ 親愛的讀者您好，感謝您購買 ___世界末日的預言___ 這本書！

為了提供您更好的服務品質，請務必填寫回函資料後寄回，我們將贈送您一本好書（隨機選贈）及生日當月購書優惠，您的意見與建議是我們不斷進步的目標，智學堂文化再一次感謝您的支持！
想知道更多更即時的訊息，請搜尋"永續圖書粉絲團"

您也可以使用以下傳真電話或是掃描圖檔寄回本公司電子信箱，謝謝！

傳真電話：　　　　　　　　電子信箱：
（02）8647-3660　　　　　yungjiuh@ms45.hinet.net

姓名：＿＿＿＿＿＿＿ ○先生 電話：＿＿＿＿＿＿＿＿
　　　　　　　　　　 ○小姐

地址：＿＿＿＿＿＿＿＿＿＿＿＿＿＿＿＿＿＿＿＿＿＿＿＿＿

E-mail：＿＿＿＿＿＿＿＿＿＿＿＿＿＿＿＿＿＿＿＿＿＿＿

購買地點（店名）：＿＿＿＿＿＿＿＿＿＿ 購買金額：＿＿＿＿

職　　業：○學生　○大眾傳播　○自由業　○資訊業　○金融業　○服務業　○教職
　　　　　○軍警　○製造業　○公職　○其他＿＿＿＿＿＿＿＿＿＿＿

教育程度：○高中以下（含高中）　○大學、專科　○研究所以上

您對本書的意見：☆內容　　　　　○符合期待　○普通　○尚改進　○不符合期待
　　　　　　　　☆排版　　　　　○符合期待　○普通　○尚改進　○不符合期待
　　　　　　　　☆文字閱讀　　　○符合期待　○普通　○尚改進　○不符合期待
　　　　　　　　☆封面設計　　　○符合期待　○普通　○尚改進　○不符合期待
　　　　　　　　☆印刷品質　　　○符合期待　○普通　○尚改進　○不符合期待

您的寶貴建議：

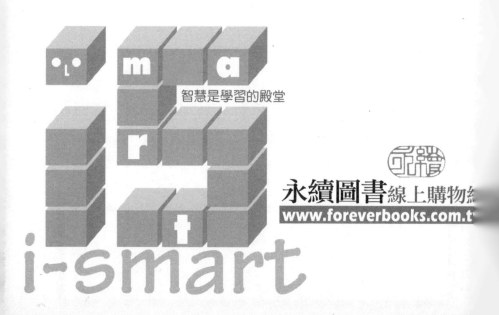